Sucrage des vins

Vins artificiels

Régime des spiritueux

Rétablissement du privilège

des Bouilleurs de cru

Sucrage des vins
Vins artificiels
Régime des spiritueux
Rétablissement du privilège
des Bouilleurs de cru

PREMIÈRE PARTIE

COMMENTAIRE DE LA LOI DU 6 AOUT 1905

MODIFIÉE PAR CELLE DU 17 AVRIL 1906

Par MM. SIMON-AUTEROCHE

DOCTEUR EN DROIT, JUGE AU TRIBUNAL CIVIL

Et DOASSANS

INSPECTEUR DES CONTRIBUTIONS INDIRECTES A CHALONS-SUR-MARNE

DEUXIÈME PARTIE

COMMENTAIRE DES LOIS DES 27 FÉVRIER ET 17 AVRIL 1906

Relatives au rétablissement du privilège des bouilleurs de cru

Par M. MOYE

PROFESSEUR A LA FACULTÉ DE DROIT DE MONTPELLIER

DEUXIÈME ÉDITION

PRIX : 1 FR. 75 FRANCO

ADMINISTRATION

DU BULLETIN-COMMENTAIRE DES LOIS NOUVELLES ET DÉCRETS

Léonce BELZACQ, directeur

103, BOULEVARD SAINT-MICHEL, 103, PARIS (Ve)

Administration du BULLETIN=COMMENTAIRE DES LOIS NOUVELLES ET DÉCRETS

Léonce BELZACQ, directeur, 103, boulevard Saint-Michel, à Paris (Vᵉ)

AUX LECTEURS,

Nous publions cette seconde édition, revue et corrigée, dans un but de vulgarisation et pour répondre au désir exprimé par un grand nombre de personnes s'intéressant au **Bulletin-Commentaire des Lois Nouvelles et Décrets**, où parut notre première édition.

C'est ainsi que nous éditons chaque mois, depuis treize ans, le commentaire de toutes les lois d'un intérêt général.

On peut donc dire que le **Bulletin-Commentaire des Lois Nouvelles et Décrets** *constitue le supplément par excellence à tous les ouvrages de droit, qu'il tient constamment à jour.*

Aussi le trouve-t-on dans la bibliothèque de toutes les personnes qui, par goût, par intérêt ou par profession, veulent se tenir au courant de l'évolution législative, si active depuis quelques années.

L'éditeur.

Le Bulletin=Commentaire des Lois Nouvelles et Décrets

Recueil mensuel, d'un abonnement annuel de **7 fr.** (étranger, **8 fr.**), **est le seul recueil publiant en une seule fois,** peu après promulgation, **le commentaire pratique et complet de toutes les lois d'un intérêt général.**

Chaque fascicule contient, outre le commentaire proprement dit, une revue de législation et de jurisprudence et tous les documents législatifs relatifs à la loi commentée.

Cette publication *est indispensable pour bien connaître et appliquer sans difficultés les lois nouvelles.*

Envoi franco d'un numéro spécimen et de la liste des commentaires
publiés depuis **1894.**

Divisions du recueil :

	Prix
Tome I. De 1894 à 1897	Prix : **28** fr.
Tome II. Années 1898 et 1899	Prix : **14** fr.
Tome III. Années 1900 et 1901	Prix : **14** fr.
Tome IV. Années 1902 et 1903	Prix : **14** fr.
Tome V. Années 1904 et 1905	Prix : **14** fr.

IMPORTANTES RÉDUCTIONS

Aux abonnés

N. B. La collection entière du **Bulletin-Commentaire** peut être reliée en 2 volumes :
Le 1ᵉʳ, comprenant les tomes I et II, de 1894 à 1899 inclus
Le 2ᵉ, comprenant les tomes III, IV et V, de 1900 à 1905 inclus
Reliure demi-chagrin noir ou rouge, prix **3** fr. par volume.

Voir, à la 4ᵉ page de la couverture, la liste des principales matières traitées.

COMMENTAIRES EN PRÉPARATION :

Enfants assistés. — **Assistance obligatoire.** — **Patentes.** — **Jouissance légale** (modific. à l'art. 386 du C. civ. Femme veuve ou divorcée). — **Réquisitions militaires.** — **Réhabilitation des faillis et concordat.** — **Majorité pénale.** — **Accidents du travail** (exploitations commerciales). — **Habitations à bon marché.** — **Warrants agricoles.** — **Distribution d'énergie électrique.** — **Sociétés d'assurances sur la vie.** — **Repos hebdomadaire, etc.**

Sucrage des vins
Vins artificiels
Régime des spiritueux
Rétablissement du privilège
des Bouilleurs de cru

PREMIÈRE PARTIE

COMMENTAIRE DE LA LOI DU 6 AOUT 1905

MODIFIÉE PAR CELLE DU 17 AVRIL 1906

Par MM. SIMON-AUTEROCHE

DOCTEUR EN DROIT, JUGE AU TRIBUNAL CIVIL

Et DOASSANS

INSPECTEUR DES CONTRIBUTIONS INDIRECTES A CHALONS-SUR-MARNE

DEUXIÈME PARTIE

COMMENTAIRE DES LOIS DES 27 FÉVRIER ET 17 AVRIL 1906

Relatives au rétablissement du privilège des bouilleurs de cru

Par M. MOYE

PROFESSEUR A LA FACULTÉ DE DROIT DE MONTPELLIER

DEUXIÈME ÉDITION

PRIX : 1 FR. 75 FRANCO

ADMINISTRATION

DU BULLETIN-COMMENTAIRE DES LOIS NOUVELLES ET DÉCRETS

Léonce BELZACQ, directeur

103, BOULEVARD SAINT-MICHEL, 103, PARIS (Ve)

I

Commentaire de la loi du 6 août 1905
relative
à la répression de la fraude sur les vins et au régime des spiritueux.

SOMMAIRE

TEXTE

6 août 1905. — *LOI relative à la répression de la fraude sur les vins et au régime des spiritueux.*

Art. **1er**. L'emploi du sucre prévu par l'article 7 de la loi du 28 janvier 1903 ne pourra avoir lieu que durant la période des vendanges.

Dans chaque département, le préfet, par arrêté, déterminera ladite période, après avis du conseil général.

1

2. Le troisième paragraphe de l'article 7 de la loi du 28 janvier 1903 est modifié ainsi qu'il suit :

« Toute personne qui, en même temps que des vins destinés à la vente, des vendanges, moûts, lies ou marcs de raisins, désire avoir en sa possession une quantité de sucre supérieure à 50 kilos, est tenue d'en faire préalablement la déclaration et de fournir des justifications d'emploi. »

3. Les dispositions de l'article 2 ne sont pas applicables aux détaillants qui, en même temps que des vins destinés à la vente, n'ont pas en leur possession des vendanges, moûts, lies, marcs de raisins, ferments ou levure.

Tout envoi de sucres ou glucoses fait par quantités de 50 kilos au moins, à une personne n'en faisant pas le commerce ou n'exerçant pas une industrie qui en comporte l'emploi, sera accompagné d'un acquit-à-caution, qui sera remis à la régie par le destinataire, dans les quarante-huit heures suivant l'expiration du délai de transport.

Tout détenteur d'une quantité de sucre ou de glucose supérieure à 200 kilos, et dont le commerce ou l'industrie n'implique pas la possession de sucre ou de glucose, est tenu d'en faire une déclaration à la régie et de se soumettre aux visites des employés des contributions indirectes.

4. Tout négociant qui aura été convaincu d'avoir, en violation des dispositions de l'article précédent, livré sans acquit-à-caution du sucre par quantité supérieure à 50 kilos sera assujetti, pendant la campagne en cours et la campagne suivante, à tenir un compte d'entrées et de sorties des sucres bruts et à se soumettre aux vérifications de la régie.

5. Les contraventions aux dispositions qui précèdent, ainsi qu'à celles de l'article 7 de la loi du 28 janvier 1903, et du règlement d'administration publique rendu pour son exécution, entraîneront, indépendamment des pénalités prévues aux sixième et septième paragraphes dudit article, la confiscation des sucres et des glucoses saisis.

6. Dans chaque commune, les noms des producteurs qui se seront livrés à l'opération du sucrage en première cuvée seront relevés sur un registre spécial à la recette buraliste.

Les eaux-de-vie et alcools que ces producteurs fabriqueront avec leur vin ne pourront obtenir la délivrance de l'acquit blanc portant certificat d'origine.

La délivrance aux bouilleurs de profession de l'acquit blanc, portant certificat d'origine pour les eaux-de-vie et alcools de vin, sera subordonnée à la justification que les producteurs des vins qu'ils mettent en œuvre ne se sont livrés à aucune opération de sucrage en première cuvée.

Cette justification sera fournie sous la forme d'attestation délivrée par le service des contributions indirectes du lieu de production en même temps que le titre de mouvement qui devra accompagner le vin. Ces attestations seront représentées par le bouilleur en même temps que les acquits-à-caution ayant servi à légitimer le transport.

7. Les vins de marcs, les vins de sucre et autres vins artificiels, saisis chez le producteur de ces vins ou chez le négociant, devront être transformés en alcool, après paiement de leur valeur, ou être détruits. En attendant la solution du litige, le prévenu sera tenu de conserver gratuitement les marchandises intactes, sous peine de payer une amende complémentaire égale au double droit de consommation sur l'alcool contenu dans les liquides détournés.

8. Tout expéditeur de marcs de raisins et de lies sèches sera tenu de se munir à la recette buraliste la plus proche d'un passavant de 10 centimes indiquant le poids expédié et l'adresse du destinataire (1).

9. A partir du 1ᵉʳ janvier 1906, toute personne exerçant dans Paris la vente de vins en gros sera tenue de placer dans les entrepôts publics les boissons destinées à ce commerce.

Toutefois, les commerçants actuellement pourvus d'une licence de marchand en gros dans Paris et qui, dans le délai de quinze jours à partir de la promulgation de la présente loi, justifieront, par la production d'actes réguliers, de la possession d'installations affectées à ce commerce, seront admis, jusqu'à l'expiration des baux en cours et au plus tard jusqu'au 1ᵉʳ janvier 1916, à continuer dans ces locaux leurs opérations. Dans ce cas, ils seront tenus de souffrir les visites et exercices des employés des contributions indirectes qui tiendront le compte des boissons en leur possession et procéderont à toutes les vérifications qu'ils jugeront nécessaires. Les introductions de boissons seront justifiées par la représentation de titres de mouvement ; les enlèvements devront être précédés d'une déclaration faite une heure au moins à l'avance au bureau de la régie et donneront lieu à la délivrance d'un titre de mouvement que le transporteur sera tenu de représenter aux employés à la sortie de l'établissement. Tout excédent constaté aux charges du compte sera saisi par procès-verbal et soumis aux droits. Les frais nécessités par la surveillance de ces magasins seront remboursés mensuellement à l'Etat au moyen d'une redevance de deux centimes (0 fr. 02) par hectolitre de vin expédié.

Sera assimilé aux marchands de vins en gros celui qui, d'un magasin central, alimentera plusieurs maisons de détail lui appartenant ou non.

Celui qui tiendra en même temps un commerce de détail et un magasin central ne sera assujetti que pour ce dernier aux prescriptions de la loi.

Les infractions aux prescriptions du présent article seront constatées par les employés des contributions indirectes et de l'octroi, ainsi que par tous agents autorisés par la loi à dresser

---

(1) D'après l'article 13 de la loi de finances du 17 avril 1906, « les contraventions à l'article 8 de la « loi du 6 août 1905 seront punies des peines édictées « par l'article 7 de la loi du 21 juin 1873 ».

des procès-verbaux en matière de contributions indirectes. Elles donneront lieu à l'application des peines édictées par l'article 1er de la loi du 28 février 1872.

Seront soumis aux visites et exercices indiqués au paragraphe 2 les locaux et magasins de transit des commissionnaires de roulage et entrepreneurs de transports établis dans l'intérieur de Paris.

10. Les receveurs buralistes des contributions indirectes sont tenus de délivrer sur papier libre aux personnes qui en font la demande des extraits de leurs registres concernant les déclarations dans lesquelles ces personnes sont nominativement désignées.

Il leur sera payé 25 centimes (0.25) par chaque extrait, et, en cas de recherche, 50 centimes (0.50) pour chaque année indiquée.

Les congés ou acquits ne peuvent être pris qu'à la recette buraliste du lieu d'enlèvement, sauf exceptions autorisées par l'administration.

L'article 2 de la loi du 18 juillet 1904 est étendu à toutes les expéditions de vin par acquit-à-caution, quelle que soit la quantité.

11. L'article 3 de la loi du 18 juillet 1904 est modifié ainsi qu'il suit :

« Est interdite dans la ville de Paris toute préparation de liquides fermentés autres que les bières.

« En conséquence, l'introduction des raisins de vendange dans la ville de Paris est prohibée. Les raisins frais de table expédiés en grande vitesse restent assimilés aux fruits et seront exempts à ce titre de tout droit d'octroi.

Disposition ajoutée par l'art. 68 de la loi du 17 avril 1906 : « Les raisins frais pour la table introduits dans Paris autrement qu'en grande vitesse sont également exempts de tout droit, pourvu qu'ils soient en paniers ou colis d'un poids maximum de 12 kilogrammes.

« Les contraventions aux dispositions du présent article sont punies des peines édictées par l'article 1er de la loi du 28 février 1872. »

12. L'article 1er de la loi du 18 juillet 1904 est ainsi modifié :

« Les dispositions du premier paragraphe de l'article 8 de la loi du 16 décembre 1897 sont étendues aux chargements de vins de plus de 10 hectolitres. »

Le dernier paragraphe de l'article 3 de la loi du 6 avril 1897 est remplacé par les dispositions suivantes :

« La circulation des boissons de marcs dites piquettes, provenant de l'épuisement des marcs par l'eau, sans addition d'alcool, de sucre ou de matières sucrées, est interdite. »

13. Est exceptée des dispositions du dernier paragraphe de l'article précédent la circulation des piquettes quand elle n'a pas lieu en vue de la vente.

14. L'article 237 de la loi du 28 avril 1816 cesse d'être applicable aux visites des employés de la régie dans l'intérieur des locaux servant exclusivement à l'habitation des particuliers non sujets à l'exercice.

Toute visite dans les locaux d'habitation devra être préalablement autorisée par une ordon-

nance du président du tribunal civil de l'arrondissement ou du juge de paix du canton.

15. L'article 237 de la loi du 28 avril 1816 est complété ainsi qu'il suit :

« L'ordre de visite prévu au paragraphe 1er est obligatoire pour tous les employés ; il devra, à peine de nullité, indiquer sommairement les motifs sur lesquels la régie base son soupçon de fraude.

« Une dénonciation anonyme ne saurait servir de base à un soupçon de fraude.

« L'ordre de visite devra être, avant toute visite, visé par l'officier de police judiciaire qui accompagnera les agents ; il devra, en outre, avant toute perquisition, être lu à l'intéressé ou à son représentant, qui sera invité à le viser. En cas de refus par l'intéressé ou son représentant de viser l'ordre de visite, il sera passé outre, mais mention du refus sera faite au procès-verbal.

« Sur la demande de l'intéressé ou de son représentant, copie de l'ordre de visite lui sera remise dans les trois jours.

« Les commissaires de police spéciaux ne pourront en aucun cas assister les employés dans les visites prévues au présent article.

« Les commissaires de police ordinaires ne pourront exercer leurs fonctions que dans leur canton ou dans les cantons de leur arrondissement où il n'existe pas d'autres commissaires de police. »

16. Après les visites domiciliaires effectuées dans les conditions prévues par l'article 237 de la loi du 28 avril 1816, les agents de la régie devront remettre en état les locaux visités.

L'officier de police judiciaire consignera les protestations qui viendraient à se produire dans un acte motivé dont copie sera remise à l'intéressé.

17. Les procès-verbaux dressés par la régie devront, à peine de nullité, être exclusivement rédigés par les agents qui ont pris une part personnelle et directe à la constatation du fait qui constitue la contravention.

Ils devront énoncer la cause exacte de la saisie, c'est-à-dire la nature précise de la contravention constatée et les articles de loi qui la définissent et ceux qui la punissent.

18. Aucun indicateur ne pourra prétendre une remise ou une rémunération quelconque s'il n'est justifié par écrit que les renseignements qu'il a fournis l'ont été avant le procès-verbal.

19. Les peines de l'article 373 du Code pénal seront applicables à tout individu convaincu d'avoir, verbalement ou par écrit, dénoncé à tort et de mauvaise foi de prétendues contraventions aux lois fiscales.

20 *Ainsi modifié par l'art. 16 de la loi du 17 avril 1906 :* Le produit net des amendes et confiscations recouvrées en matière de contributions indirectes, tel qu'il est défini à l'article 2 du décret du 22 avril 1898, sera attribué comme suit :

35 p. 100 au Trésor ;
25 p. 100 aux pensions civiles ;
Et 40 p. 100 au fonds commun.

21. En cas d'expédition inapplicable, mais lorsque l'identité d'un chargement n'est pas contestée, la saisie sera limitée aux fûts sur lesquels des différences auront été constatées.

22. Si le tribunal juge la saisie mal fondée, il pourra condamner la régie, non seulement aux frais du procès et à ceux de fourrière, le cas échéant, mais encore à une indemnité représentant le préjudice que la saisie indûment pratiquée a pu causer.

23. Le deuxième paragraphe de l'article 19 de la loi du 29 mars 1897 est modifié ainsi qu'il suit :

En matière de contributions indirectes et par application de l'article 463 du Code pénal, si les circonstances paraissent atténuantes, les tribunaux sont autorisés, lorsque la bonne foi du contrevenant sera dûment établie, à modérer le montant des amendes et à libérer le contrevenant de la confiscation, sauf pour les objets prohibés, par le paiement d'une somme que le tribunal arbitrera et qui ne pourra en aucun cas être inférieure au montant des droits fraudés.

Cette disposition cessera d'être applicable en cas de récidive dans le délai d'un an.

Le troisième paragraphe du même article 19 de ladite loi de 1897 ainsi que le deuxième paragraphe de l'article 34 de la loi du 25 février 1901 sont et demeurent abrogés.

24. En cas de condamnation pour infractions aux lois et règlements régissant les contributions indirectes, si l'inculpé n'a jamais été l'objet d'un procès-verbal suivi de condamnation ou de transaction pour une infraction punie par la loi d'une amende supérieure à 600 fr., les tribunaux pourront, dans les conditions établies par la loi du 26 mars 1891, décider qu'il sera sursis à l'exécution de la peine.

25. Les titres de mouvement sur papier blanc, visés par l'article 23 de la loi du 31 mars 1903 et s'appliquant aux eaux-de-vie et alcools naturels, pourront, sur la demande des expéditeurs et aux conditions fixées par l'administration, mentionner le lieu d'origine des matières premières.

26. Aucun spiritueux ne pourra être exposé, colporté ni vendu sans que les fûts, caisses, bouteilles qui le contiennent portent sur une étiquette très apparente la mention du titre de mouvement qui a accompagné la marchandise, concernant les substances avec lesquelles l'alcool que contient le spiritueux a été fabriqué.

27. L'article 32 du décret du 1er germinal an XIII est abrogé. L'article 203 du Code d'instruction criminelle est applicable à la procédure d'appel en matière de contributions indirectes.

28. L'article 4 de la loi du 29 décembre 1900 est complété ainsi qu'il suit :

« En cas de retard, le destinataire est solidairement avec l'expéditeur passible du double droit. »

COMMENTAIRE

I.

Origine et objet de la loi du 6 août 1905 ; travaux préparatoires

1. Origine et objet de la loi du 6 août 1905. — Depuis de longues années, les viticulteurs font entendre de vives plaintes ; à moins qu'il ne s'agisse des grands crus, ils ne trouvent que difficilement le placement de leurs récoltes, et souvent à des prix dérisoires. Les espérances qu'avait données la loi du 29 décembre 1900 [1], réformant le régime des boissons, ne se sont pas réalisées : la crise viticole s'est continuée. Parmi les causes de cette crise, qui sont multiples, une attire tout d'abord l'attention par son évidence même, pourrait-on dire, c'est la fraude, c'est la concurrence désastreuse faite aux vins naturels par les vins artificiels, et surtout par les vins falsifiés. Bien des lois existent déjà ayant pour but de réprimer la fraude dans le commerce des vins : loi du 14 août 1889, relative aux vins de raisins secs et à la falsification des vins opérée avec le produit de la fermentation ou de la distillation des figues, caroubes, etc. ; loi du 11 juillet 1891, relative aux vins de marc ou de sucre, à la falsification des vins à l'aide de matières colorantes, d'acides sulfurique, nitrique, etc., et aussi au plâtrage des vins ; loi du 24 juillet 1894 [2], relative à l'alcoolisation et au mouillage des vins, à laquelle il faut ajouter le décret du 19 avril 1898 sur les vins suralcoolisés ; loi du 6 avril 1897 [3], concernant la fabrication, la circulation et la vente des vins artificiels et des cidres et poirés produits autrement que par la fermentation des pommes et poires fraîches.

Malgré leur nombre, ces lois sont pourtant insuffisantes, surtout depuis la loi du 28 janvier 1903 [4], qui, en diminuant les droits sur les sucres, a nécessairement amené, au détriment des vins naturels, une recrudescence dans l'emploi du sucre pour la fabrication des vins, soit par l'addition exagérée du sucre aux vins de première cuvée, soit par la confection des vins de sucre, interdite par la loi, à moins qu'il ne s'agisse de vins destinés à la consommation familiale (loi du 6 avril 1897). Le législateur de 1903 avait prévu cet abus : dans l'article 7 de la loi du 28 janvier, il avait imposé à celui qui voudrait ajouter du sucre à la vendange ou fabriquer du vin de sucre pour sa consommation familiale, l'obligation de faire une déclaration à la

---

(1) *Bulletin-Commentaire des lois nouvelles*, t. III, p. 221.
(2) *Ibid.*, t. I, p. 106.
(3) *Ibid.*, t. I, p. 718.
(4) *Ibid.*, t. IV, p. 501.

régie, et avait limité les quantités de sucre qui pourraient être employées à l'un ou l'autre usage. L'expérience a démontré cependant que ces précautions étaient insuffisantes, que le « sucrage » était une source de fraudes. L'objet principal de la loi du 6 août 1905 a été de faire cesser ces fraudes.

D'autre part, la distillation procure au viticulteur le moyen de tirer parti de sa récolte quand, pour une cause ou pour une autre, il ne peut vendre son vin. Le législateur de 1905 a donc essayé, par diverses dispositions (voir notamment les articles 25 et 26), de protéger les alcools naturels contre les alcools industriels ou les alcools falsifiés, en assurant au profit des premiers des moyens de justification d'origine plus efficaces que ceux résultant déjà des lois précédentes (lois des 2 août 1872, article 8, et 31 mars 1903, article 23), et en rendant moins rigoureuses les mesures de surveillance et même de répression dont la régie peut disposer en vertu des lois fiscales actuellement en vigueur (voir les articles 14 à 27).

Enfin, divers articles de la loi du 6 août 1905 ont pour but d'empêcher plusieurs sortes de fraudes, telles que la fabrication, avec des marcs ou des lies, de vins destinés à la vente (article 8), la préparation dans Paris de liquides fermentés autres que la bière (article 11), etc....

En un mot, tous les efforts ont été faits par le législateur, à la demande des représentants de nos principales régions viticoles, pour améliorer le sort du viticulteur français, pour mettre fin à une crise qui n'est que trop réelle, et pourrait, si elle se prolongeait, causer sinon la ruine, du moins l'appauvrissement certain de nombreuses populations.

Quels résultats cette loi donnera-t-elle dans la pratique ? Il est encore difficile de le dire maintenant, trop peu de temps s'étant écoulé depuis sa promulgation. Mais, quelles que soient les imperfections qu'on y puisse trouver dès à présent et qu'on y rencontrera inévitablement dans la suite — il en est ainsi de toutes les lois, — il faudra tenir compte à ses auteurs du but qu'ils ont poursuivi, et songer combien la tâche est malaisée, quand il faut à la fois réprimer la fraude, garantir la perception de l'impôt et ménager, en même temps, les intérêts particuliers.

2. Travaux préparatoires (propositions et projet ; rapports ; discussions devant les Chambres). — Au cours de la discussion du budget de 1904, la Chambre des députés avait nommé une commission spéciale des boissons, afin d'examiner un certain nombre d'amendements relatifs au régime des boissons. Cette commission ne se borna pas à l'examen de ces amendements ; elle voulut

« préciser les causes du malaise pesant sur la production et le commerce des vins et spiritueux, et rechercher les remèdes à y appliquer. » M. Octave Lauraine, à la séance de la Chambre du 3 juin 1904, déposa au nom de la commission un rapport général « sur le régime des spiritueux » (documents de la Chambre, annexe 1729, session ordinaire de 1904, page 26), suivi d'une proposition de loi en huit articles, concernant le sucrage des vins, la préparation dans Paris des liquides fermentés, les visites domiciliaires, les remises aux indicateurs, les dénonciations calomnieuses, la répartition du produit des amendes et les moyens de faire connaître l'origine des spiritueux transportés ou mis en vente soit sur les titres de mouvements les accompagnant, soit sur les fûts, caisses ou bouteilles les contenant. Le rapport général de M. Lauraine présente une étude très complète et très approfondie de la situation actuellement faite en France à la production et au commerce des vins et des spiritueux ; il doit être lu avec attention par ceux qui veulent se rendre un compte exact des conditions de fait dans lesquelles a été votée la loi du 6 août 1905, et juger de l'utilité et de la nécessité de cette loi pour la défense des intérêts viticoles.

Le 8 mars 1905, M. Lauraine déposa un rapport supplémentaire (doc. de la Chambre, annexe n° 2308, sess. ord. 1905, p. 289), dans lequel il examinait plusieurs amendements disjoints du projet de loi de finances pour l'année 1905 ; ce rapport précédait une nouvelle proposition de loi qui, exception faite de l'article 1er, relatif au sucrage, comprenait toutes les dispositions figurant dans la proposition de loi jointe au rapport général, mais avec les développements exigés soit par les amendements disjoints de la loi de finances, soit par l'examen plus détaillé que la commission avait cru devoir faire de certains points.

Le 30 du même mois de mars 1905, le gouvernement déposa, de son côté, un projet de loi en six articles (doc. de la Chambre, annexe n° 2355, sess. ord. 1905, p. 370) « tendant à réprimer la fraude sur les vins », et visant le sucrage, la délivrance des acquits blancs portant certificat d'origine des eaux-de-vie et alcools, la transformation en alcool ou la destruction des vins de marcs, de sucre et autres vins artificiels saisis et confisqués, l'obligation pour les marchands en gros à Paris de placer leurs vins dans des entrepôts publics, et la délivrance par les receveurs buralistes d'extraits de leurs registres, toutes dispositions qui, avec plus ou moins de modifications, ont passé dans le texte de la loi du 6 août 1905.

Ce projet du gouvernement et les précédentes propositions de la commission des boissons furent alors réunis en un seul texte qui contenait, en outre, une disposition soumettant au demi-droit de 220 fr. l'hectolitre d'alcool dû au sucrage des vins, et qui fut l'objet d'un second rapport supplémentaire de M. Lauraine (doc. de la Chambre, annexe n° 2372, sess. ord. 1905, p. 383), consacré surtout à la question de sucrage.

C'est sur cette dernière proposition de loi que les Chambres ont été appelées à délibérer. La discussion à la Chambre des députés n'a pas pris moins de quinze séances, du 18 mai au 30 juin, dont la majeure partie a été consacrée à la question du sucrage. Parmi les modifications qu'eut à subir la proposition de la commission, nous citerons le rejet de la disposition tendant à imposer l'alcool produit par le sucrage des vins.

Au Sénat, le rapport fut fait par M. Monis (doc. du Sénat, annexe n° 215, sess. ord. 1905, p. 569), qui proposa, au nom de la commission, la disjonction des articles 16 à 28, concernant plus spécialement le régime des spiritueux, et « de nature, dit le rapport, à soulever dans nos débats des discussions assez sérieuses pour retarder l'adoption du projet de loi ». Mais M. Rouvier, président du conseil, qui avait d'abord été favorable à la disjonction, craignit que la Chambre ne se refusât à reprendre, avant les vacances parlementaires, la discussion de la loi, si elle revenait devant elle par suite de modifications faites au Sénat, et il engagea celui-ci à voter le projet dans son intégralité. Ce conseil fut suivi et la loi fut adoptée par le Sénat dans tous ses articles, et sans aucune modification, telle qu'elle avait été votée par la Chambre (séance du 12 juillet, 1re et 2e séances du 13 juillet).

II.

Sucrage des vins ; vins artificiels

3. Période durant laquelle peut être fait le sucrage (article 1er). — L'article 7 de la loi du 28 janvier 1903 oblige ceux qui veulent soit ajouter du sucre à la vendange, soit fabriquer du vin de sucre pour leur consommation familiale, à en faire la déclaration, trois jours au moins à l'avance, à la recette buraliste des contributions indirectes, et limite la quantité de sucre pouvant être ajoutée à la vendange ou employée à la fabrication du vin de sucre. D'après l'article 1er de la loi du 6 août 1905, l'emploi du sucre pour l'une ou l'autre de ces opérations ne pourra avoir lieu que durant la période des vendanges ; cette période sera déterminée, dans chaque département, par le préfet, après avis du conseil général.

Cet article est dû à un amendement de M. Razimbaud et plusieurs de ses collègues (1re séance de la Chambre du 16 juin 1905, *Officiel* du 17 juin, p. 2263 et suiv.). Le sucrage étant permis par la loi du 28 janvier 1903 pour les vendanges seulement, et interdit, par conséquent, pour les vins faits et même pour les moûts, comme le faisait remarquer M. Lauraine, rapporteur, cette disposition n'apporte aucune innovation à la législation actuelle ; elle a uniquement pour but de limiter d'une façon plus précise et plus propre à empêcher la fraude la période pendant laquelle on pourra recourir au sucrage.

Sur une observation de M. Cazeneuve, il a été formellement reconnu, tant par le rapporteur que par le commissaire du gouvernement et le président de la commission, que l'article 1er de la nouvelle loi ne s'appliquait pas à l'emploi du sucre pour les vins de Champagne mousseux, qui a toujours été considéré comme n'étant pas visé par les dispositions de l'article 7 de la loi du 28 janvier 1903 ; ce sucrage, en effet, « n'a pas pour but d'invertir du sucre dans le vin ; c'est un sucrage qui entre dans la manipulation d'un vin déjà fait » (M. Lauraine, rapporteur, *Officiel*, *loc. cit.*, p. 2264). Voir également la circulaire de la régie, n° 612, du 8 août 1905.

En vertu de l'article 77 de la loi du 10 août 1871, l'avis du conseil général pourrait être remplacé par celui de la commission départementale, à la condition qu'il y ait délégation spéciale faite chaque année par le conseil général ; voir en ce sens avis du Cons. d'Etat, 15 décembre 1872, Dalloz, 1874, 3, 64, *en note ;* 13 mars 1873, Dalloz, 1874, 3, 64 ; décret du 27 juin 1874. Dalloz, 75, 3, 62, et comp. observations de M. Gourju, au Sénat, à propos d'un amendement de M. Bonnefoy-Sibour (1re séance du Sénat du 13 juillet 1905, *Officiel* du 14 juillet, p. 1223).

4. Détention d'une quantité de sucre supérieure a 50 kilos (articles 2 et 3 § 1er). — D'après l'article 7 § 3 de la loi du 28 janvier 1903, « toute personne qui, en même temps que des vendanges, moûts ou marcs de raisins, désire avoir en sa possession une quantité de sucre supérieure à 50 kilos, est tenue d'en faire préalablement la déclaration et de fournir des justifications d'emploi ». Aux vendanges, moûts et marcs de raisins énoncés dans cet article, la nouvelle loi, dans son article 2, a ajouté les lies, sans distinguer entre les lies *fraîches* et les lies *sèches* (comparer l'article 8), et les « vins destinés à la vente ».

En ce qui concerne les lies, il était « rationnel », suivant l'expression de M. Lauraine, rapporteur (doc. de la Chambre, annexe n° 2372, sess. ord. 1905, p. 385), de les comprendre, quant à l'emploi possible du sucre, dans la même nomenclature que les autres « résidus de la vinification », c'est-à-dire les moûts et les marcs, et le projet du gouvernement ne souleva sur ce point aucune difficulté. Mais il en fut autrement des « vins destinés à la vente », mentionnés dans l'article 2 à la suite d'un amendement déposé par M. Gaston Doumergue (1ʳᵉ séance de la Chambre du 16 juin 1905, *Officiel* du 17 juin, p. 2264).

On fit remarquer que l'adoption de cet amendement aurait pour effet d'empêcher la vente du vin au détail, par les épiciers notamment, qui seraient la plupart du temps dans l'impossibilité matérielle de tenir un compte exact du sucre vendu journellement par eux en quantités très variables. L'amendement fut néanmoins adopté.

Mais à la séance du 20 juin (*Officiel* du 21 juin, p. 2313 et suiv.), la Chambre vota un amendement de M. Congy qui constitue le premier paragraphe de l'article 3, et aux termes duquel les détaillants, qui n'ont que des vins destinés à la vente, sans avoir en même temps des vendanges, moûts, lies, marcs de raisins, ferments ou levure, ne sont pas soumis aux dispositions de l'article 2. On remarquera que l'exception inscrite à l'article 3 § 1ᵉʳ ne concerne que les *détaillants*; l'article reste, par conséquent, applicable aux marchands de vins en gros, sans qu'il y ait lieu de rechercher s'ils ont ou non des vendanges, moûts, lies, etc....

Comme l'indique le texte même de l'article 2, la déclaration prescrite par cet article doit être préalable à la possession de la quantité de sucre supérieure à 50 kilos, et non à l'emploi de ce sucre ; voir l'observation de M. Cazeaux-Cazalet et la réponse de M. Lauraine, rapporteur (1ʳᵉ séance de la Chambre du 16 juin 1905, *Officiel* du 17 juin, p. 2266).

L'article 2, à la différence de l'article 3 §§ 2 et 3, ne parle que de la possession d'une quantité de *sucre*. Le possesseur d'une quantité de *glucose* supérieure à 50 kilos n'aura donc pas à faire de déclaration ni à fournir de justifications d'emploi, sauf l'application de l'article 3 § 3, si la quantité de glucose qu'il possède dépasse 200 kilos.

5. Envois de sucres ou glucoses par quantités de 50 kilos au moins (article 3 § 2). — Il résulte du texte même de ce paragraphe que la nécessité de l'acquit-à-caution est la règle pour toute expédition de sucres ou glucoses d'une quantité de 50 kilos au moins ; il est dérogé à cette règle, l'acquit-à-caution n'est plus exigé dans deux cas seulement : le destinataire fait le commerce de sucre ou glucose, ou il exerce une industrie en comportant l'emploi. En cas de contestation sur le point de savoir si le destinataire fait réellement le commerce de sucre ou de glucose, ou s'il exerce bien une industrie en comportant l'emploi, la question, en l'absence de toute autre indication donnée par la loi, devra naturellement être tranchée par les tribunaux, suivant les circonstances particulières de chaque espèce. Faudra-t-il un acquit-à-caution dans le cas d'envoi de sucre à un destinataire faisant seulement le commerce de glucose ou exerçant une industrie comportant seulement l'emploi de glucose, ou réciproquement ? Rien dans la loi ni dans les débats qui l'ont précédée n'autorise à faire une telle distinction, et il semble, au contraire, que le législateur a eu en vue indifféremment l'un ou l'autre de ces produits et les a, par suite, pour l'application de la disposition qui nous occupe, confondus l'un avec l'autre.

6. Détention d'une quantité de sucre ou de glucose supérieure a 200 kilos (article 3 § 3). — Cette disposition, comme celle faisant l'objet du paragraphe précédent, a une portée générale ; sont seules exceptées de son application les personnes dont le commerce ou l'industrie implique la possession de sucre ou de glucose, question à résoudre, comme précédemment, d'après les circonstances particulières de chaque espèce. Ici, à la différence du cas prévu par l'article 2, il n'est pas nécessaire que le détenteur du sucre ou de la glucose possède en même temps des vins destinés à la vente, des vendanges, moûts, lies ou marcs de raisin. D'autre part, l'article 2 exige seulement « des justifications d'emploi, » tandis que l'article 3 § 3 impose l'obligation de se soumettre aux visites des employés de la régie, c'est-à-dire à l'exercice.

7. Livraison de sucre sans acquit ; pénalité spéciale (article 4). — L'obligation de tenir un compte d'entrées et de sorties des sucres bruts et de se soumettre aux vérifications de la régie, imposée aux négociants qui, en violation de l'article 3, auront livré du sucre sans acquit-à-caution, constitue une véritable pénalité. Quand cette pénalité sera-t-elle applicable ? « Tout négociant, dit l'article 4, qui aura été *convaincu....*, sera assujetti.... » Cette *conviction* ne pourra évidemment résulter que soit d'une condamnation devenue définitive, soit d'une transaction intervenue entre la régie et le négociant, c'est-à-dire de la constatation par les tribunaux ou de la reconnaissance par le négociant qu'il y a eu de la part de celui-ci violation des dispositions de l'article 3. En l'absence de condamnation ou de transaction, la régie ne saurait donc obliger le négociant à se soumettre à la pénalité prévue dans l'article 4 ; elle invoquerait vainement, par exemple, un procès-verbal dressé contre le négociant par ses agents, ce procès-verbal pouvant être contesté par le prévenu et ne faisant pas ainsi par lui-même preuve absolue des faits constatés (en ce sens, circulaire n° 613, du 8 août 1905).

8. Contraventions aux dispositions des articles 1 a 4 de la loi du 6 août 1905 et 7 de la loi du 28 janvier 1903, et aux dispositions du décret du 21 août 1903 ; pénalités ; saisie et confiscation des sucres et glucoses (article 5). — Les paragraphes 6 et 7 de l'article 7 de la loi du 28 janvier 1903, auxquels se réfère l'article 5 de la nouvelle loi, sont ainsi conçus : « Les contraventions aux dispositions qui précèdent et aux règlements qui seront rendus pour son exécution (décret du 21 août 1903) sont punies des peines édictées par l'article 4 de la loi du 6 avril 1897. Ces peines sont doublées dans le cas de fabrication, de circulation ou de détention de vins de sucre en vue de la vente. S'il y a récidive, les contrevenants encourent, indépendamment de l'amende, une peine d'emprisonnement de six jours à six mois. — Les mêmes peines sont applicables aux complices des contrevenants. » D'autre part, les peines édictées par l'article 4 de la loi du 6 avril 1897 sont « les peines portées à l'article 1er de la loi du 28 février 1872 », c'est-à-dire la confiscation des *boissons saisies* et une amende de 500 fr. à 5,000 fr.

En spécifiant dans l'article 5 de la loi du 6 août 1905 qu'il y aurait confiscation des *sucres et glucoses saisis*, le législateur semble bien avoir pensé que l'article 1er de la loi du 28 février 1872, ne parlant que de la confiscation des *boissons saisies*, n'autorisait pas la saisie et la confiscation des *sucres* et *glucoses* et que, pour que ceux-ci pussent être saisis et confisqués, il fallait une disposition spéciale à cet égard. Si le législateur a vraiment cru devoir pousser aussi loin la règle de l'interprétation étroite des textes en matière pénale, la saisie et la confiscation des objets du délit ne seront pas permises dans le cas prévu par les articles 8 de la présente loi et 13 de la loi de finances du 17 avril 1906 (voir ci-dessous, n° 11), où il s'agit de marcs de raisins et de lies sèches et où les peines applicables sont celles édictées par l'article 7 de la loi du 21 juin 1873, qui consistent également en une amende et dans « la confiscation des *boissons saisies* ».

Aucun doute, au contraire, ne pourra se présenter, suivant nous, en ce qui concerne l'introduction des « raisins de vendange » dans la ville de Paris (voir ci-dessous n° 16), introduction que l'article 11 de la présente loi prohibe et punit des peines édictées par l'article 1er de la loi du 28 février 1872, lequel, nous venons de le voir, parle aussi de la « confiscation des *boissons saisies* ».

En effet, il existe déjà dans nos lois fiscales un texte assimilant aux vins, c'est-à-dire à des boissons, les « raisins de vendange » ou « vendanges fraîches », ces deux expressions désignant le même produit. Le texte auquel nous faisons allusion est l'article 1er de la loi du 29 décembre 1900, soumettant les vendanges fraîches aux mêmes formalités à la circulation que les vins et les rendant passibles du même droit, à raison de deux hectolitres de vin pour trois hectolitres de vendange, quand elles circulent hors de l'arrondissement de récolte et des cantons limitrophes en quantités supérieures à 10 hectolitres. Dans l'hypothèse qui nous occupe, considérer les raisins de vendange comme des boissons n'a donc rien que de logique et de raisonnable.

9. Eaux-de-vie et alcools fabriqués avec des vins sucrés (article 6). — L'objet des dispositions contenues dans l'article 6 est très clairement expliqué dans l'exposé des motifs du projet de loi déposé dans la séance de la Chambre du 30 mars 1905 : « L'article 23 de la loi du 31 mars 1903 a créé, pour les eaux-de-vie et alcools naturels fabriqués sous le contrôle de l'administration des contributions indirectes, des titres de mouvement spéciaux sur papier blanc portant certificat d'origine (comp. ci-dessous n° 23). En vertu de cette loi, le bénéfice des acquits et congés blancs est refusé aux bouilleurs qui mettent en œuvre des vins sucrés, l'alcool fourni par la distillation étant, dans ce cas, dû en partie au sucre ajouté à la vendange.

« Dans la pratique, cette restriction est exactement appliquée aux récoltants qui distillent après avoir remonté le degré de leur vin par le sucrage, parce que le service a connaissance de ces opérations. Mais, quand les vins sucrés dans la limite légale en première cuvée sortent du lieu de production, ils sont expédiés comme vins naturels, sans indication de l'addition de sucre qu'ils ont subie ; s'ils sont ensuite introduits chez un bouilleur de profession, le service ne possède aucun moyen d'établir leur identité, et l'industriel obtient indûment pour l'alcool qu'il en extrait des expéditions sur papier blanc constituant un certificat d'origine. Cet état de choses, contraire à l'esprit de la loi du 31 mars 1903, porte une atteinte grave aux intérêts de la viticulture, car les prix des vins destinés à la distillation sont établis d'après leur richesse alcoolique, et le degré d'alcool fourni par le sucre coûte à produire beaucoup moins que celui provenant du vin.

« De plus, les récoltants qui distillent eux-mêmes leurs vins se trouvent ainsi placés dans une situation d'infériorité qui a donné lieu à des réclamations fondées. Aussi, pour assurer l'exécution de la loi de 1903 et mettre tous les bouilleurs sur un pied d'égalité, les représentants des régions productives d'alcool de vin ont-ils émis le vœu que les bouilleurs de profession qui revendiquent le certificat d'origine soient tenus de justifier que le producteur des vins qu'ils mettent en œuvre ne les a additionnés d'aucune quantité de sucre. Tel est l'objet de l'article 2 (devenu définitivement l'article 6) » (doc. de la Chambre, annexe n° 2355, sess. ord. 1905, p. 370).

M. Razimbaud, député, avait déposé un amendement aux termes duquel : 1° le premier paragraphe de l'article 6 devait être ainsi complété : «.... avec mention de la quantité de sucre mise en œuvre par chacun de ces producteurs » ; 2° un paragraphe ainsi conçu devait suivre le premier : « Les vins issus de la cave de ces producteurs ne pourront être vendus et mis en circulation que sous la dénomination de « vins sucrés » (1ʳᵉ séance de la Chambre du 26 juin 1905, *Officiel* du 27 juin, p. 2466).

La première partie de cet amendement fut retirée par son auteur, sur l'observation du rapporteur que la disposition semblait sans utilité pratique ; la seconde partie fut rejetée par la Chambre, après une assez longue discussion. On fit valoir que les vins *de cuvée* auxquels a été ajouté du sucre dans les conditions permises par la loi ne sont pas moins des vins naturels ; leur imposer la dénomination de vins sucrés risquerait de les faire confondre avec les vins de sucre, produits tout différents, et jeter, par suite, sur eux, un discrédit immérité.

10. Transformation en alcool ou destruction des vins de marc, vins de sucre et autres vins artificiels saisis (article 7). — La régie peut, en principe, mettre en vente au profit du Trésor et livrer ainsi à la consommation les boissons qu'elle a saisies et dont la confiscation a été prononcée par le jugement condamnant le prévenu ; il en est autrement toutefois en ce qui touche les vins de marc et les vins de sucre : l'article 3 de la loi du 6 avril 1897 interdisant la vente de ces vins, ceux-ci, quand ils avaient été saisis et confisqués, devaient nécessairement jusqu'ici être détruits. L'article 7 de la nouvelle loi permet au condamné d'en éviter la destruction en les transformant en alcool.

Cet article vise, en dehors des vins de marc et des vins de sucre (¹), les autres vins

artificiels, quoique la circulation n'en soit cependant pas interdite dans certains cas ; parmi ces vins artificiels, il faut comprendre notamment les vins de raisins secs circulant comme vins, et non dans les conditions prescrites par l'article 1ᵉʳ de la loi du 6 avril 1897 qui les soumet au régime de l'alcool.

Il ne sera, cela va de soi, procédé à la destruction ou à la transformation en alcool des vins énumérés dans l'article 7 qu'après la condamnation du prévenu. Jusqu'à ce que le procès soit terminé, le prévenu sera tenu, dit la seconde partie de l'article 7, de conserver gratuitement les marchandises intactes, à peine d'une amende complémentaire égale au double du droit de consommation sur l'alcool contenu dans les liquides qu'il aurait détournés.

Le projet du gouvernement ne parlait que des vins saisis « chez le producteur » ; c'est sur l'initiative de la commission de la Chambre que les mots « et chez le négociant » ont été ajoutés à l'article 7 (primitivement article 6). L'idée de la commission paraît avoir été d'empêcher le négociant « d'exciper de sa bonne foi » (voir rapport de M. Lauraine, doc. de la Chambre, annexe n° 2372, sess. ord. 1905, p. 386). Cette raison ne nous semble pas très fondée ; car, en matière de contributions indirectes, les délits sont contraventionnels et existent, par conséquent, indépendamment de la bonne foi du délinquant. Dès lors, le négociant, tout comme le producteur, qui aura commis une infraction aux lois réglementant la fabrication, la circulation et la vente des vins artificiels, sera, d'après la législation existante, passible de la confiscation des boissons saisies chez lui. L'article 7 n'a donc, en fait, rien innové à son égard, pas plus qu'à l'égard du producteur, en ce qui concerne le droit de saisie. Il n'a eu d'autre effet que d'empêcher la mise en consommation des vins saisis chez lui, comme de ceux saisis chez le producteur.

Parmi les vins artificiels visés d'une façon générale par l'article 7, il faut comprendre notamment les vins de lies et les vins mouillés ou falsifiés. Cela paraît résulter, du moins, des explications échangées entre M. Lauraine, rapporteur, et M. Albert Sarraut, député, au sujet d'un amendement déposé par MM. Sarraut et Aldy, et retiré par eux sur les observations du rapporteur (1ʳᵉ séance de la Cham-

---

(1) Par vin de marc ou vin de sucre, on doit entendre le produit de la fermentation des marcs de raisins frais avec de l'eau, suivant qu'il y a eu, ou non, addition de sucre.

Mais si ces vins sont exclus du régime fiscal des vins ordinaires et donnent lieu, en cas de contravention, à l'application des pénalités afférentes aux alcools, il n'en

est pas de même d'un vin obtenu par le versement d'eau sucrée sur la vendange ou sur le moût, c'est-à-dire avant la fermentation. Dans ce cas, le liquide doit être considéré comme vin (Cassat., 21 décembre 1901, Dalloz, 1904, 1, 230).

Toutefois, si l'addition d'eau dépassait la proportion strictement nécessaire pour fondre le sucre, il y aurait mouillage et, par suite, infraction à la loi du 24 juillet 1894.

bre du 28 juin 1905, *Officiel* du 29 juin,
p. 2539).

11. Nécessité pour l'expéditeur de marcs
de raisins ou de lies sèches de se munir d'un
passavant (article 8). — Cet article est dû à
une disposition additionnelle proposée par
MM. Cazeneuve et Cazeaux-Cazalet, députés
(1ʳᵉ séance de la Chambre du 28 juin 1905,
Officiel du 29 juin, p. 2539 et suiv.). Il a
pour but de suivre les marcs et les lies, et
d'empêcher ainsi qu'ils ne servent à la fabrication de vins de sucre ou de vins artificiels.

Des observations auxquelles cette disposition a donné lieu à la Chambre, il résulte in-
contestablement qu'elle ne vise que l'expédition de marcs ou de lies à une tierce personne, par exemple, comme le disait M. Cazeneuve, « à des fabricants de vins de seconde
cuvée ou à des intermédiaires qui recueillent
les marcs par milliers de kilogrammes pour
les expédier soit à des distilleries, soit à des
fabriques de vins artificiels ». Mais le vigne-
ron n'aura pas besoin de se munir de passavant soit pour transporter ses marcs destinés
à fertiliser ses terres ou à un autre usage
agricole, soit pour amener chez lui les marcs
provenant de ses raisins pressurés dans une
autre de ses propriétés ou chez une tierce
personne, afin de faire servir lesdits marcs à
la distillation ou à la confection de vins de
sucre dans les conditions permises par l'article 7 de la loi du 28 janvier 1903.

Le texte ne parle que des *lies sèches* et ne
dit rien des *lies fraîches*. Ces dernières sont,
en effet, soumises, au même titre que les
vins, aux formalités de circulation (1). Comp.
observation de M. Razimbaud, au Sénat,
1ʳᵉ séance du 13 juillet 1905, *Officiel* du
14 juillet, p. 1226.

La loi du 6 août 1905 n'édictait aucune
pénalité en cas d'infraction aux prescriptions
de l'article 8. Cette omission du législateur a
été réparée dans la loi de finances du 17 avril
1906, dont l'article 13, dû à un amendement

de M. Cazeneuve (2ᵉ séance de la Chambre du
20 mars 1906, *Officiel* du 21 mars, p. 1487),
est ainsi conçu : « Les contraventions
à l'article 8 de la loi du 6 août 1905, concernant la fraude sur les vins et le régime des
spiritueux, seront punies des peines édictées
par l'article 7 de la loi du 21 juin 1873 »
(amende de 200 à 1,000 fr., ne pouvant être
inférieure à 500 fr. en cas de récidive, et
confiscation des *boissons* saisies). Sur la question de savoir si ce texte, parlant des *boissons*, permettra de saisir et confisquer des
marcs ou des *lies sèches*, voir ci-dessus
nº 8.

III.

Dispositions concernant la ville de Paris

12. Obligation pour les marchands de
vins en gros, a Paris, ou les négociants assimilés, de placer dans les entrepôts publics
les boissons destinées a leur commerce (article 9 §§ 1 à 5). — Le but de cette disposition
est ainsi expliqué dans l'exposé des motifs
du projet du Gouvernement et dans le rapport de M. Lauraine : « En décidant qu'il
n'y aurait dans Paris ni formalités de circulation ni exercice pour les boissons autres
que la bière, la loi du 28 avril 1816 a
reporté la perception des droits aux entrées.
On assure qu'à la faveur de ce régime certains négociants se livrent, dans Paris, sous
le couvert d'un commerce en gros et en
dehors de toute surveillance, au mouillage
des vins et autres sophistications, qui ont
soulevé les plaintes les plus vives de la part
de la viticulture et du commerce. C'est en vue
de mettre fin à ces fraudes que l'article 4
(devenu définitivement l'article 8) oblige les
marchands en gros établis dans Paris à placer dans les entrepôts publics les produits
destinés à leur commerce » (doc. de la Chambre, annexes nᵒˢ 2355 et 2372, sess. ord. 1905,
p. 370 et 386).

Toutefois, on ne pouvait évidemment obliger les marchands en gros à modifier immédiatement leurs installations ; d'où la disposition transitoire du paragraphe 2, qui les soumet dorénavant à l'exercice de la régie,
tant qu'ils ne placeront pas leurs vins dans les
entrepôts publics, faculté dont ils ne pourront user que jusqu'au 1ᵉʳ janvier 1916.
L'exercice, auquel ils seront soumis, ne por-
tera, d'ailleurs, que sur les vins et non sur les
autres boissons qui se trouveraient dans
leurs magasins (observations échangées entre
M. Paul Beauregard et le rapporteur, 1ʳᵉ séance
de la Chambre du 28 juin 1905, *Officiel* du
29 juin, p. 2543).

Le paragraphe 3 de l'article 9, dû à un
amendement de M. Georges Berry (1ʳᵉ séance

---

(1) On entend par vin, non seulement le vin achevé
et potable, mais encore le vin à tous les états dans
lesquels peut passer le produit du raisin, depuis le
moût jusqu'à *la lie non parvenue à dessiccation complète*.
Par suite, sont assujettis aux droits et aux formalités
de circulation, le vin trouble ainsi que les lies de vin
non desséchées ; toutefois, lors de la délivrance de l'expédition à la recette buraliste, l'expéditeur ni le transporteur ne sont tenus de déclarer le rendement éven-
tuel des lies, lorsque la quantité de vin extractible ne
peut être connue qu'après pressurage (Cour de cassation,
7 avril 1898, Sirey, 1899, 1, 56).

L'expérience a démontré que les lies claires ou fraîches contiennent 75 % de vin potable, c'est-à-dire 50 %,
par la simple transvasion après repos, et 25 %, en
soumettant le restant à l'action du pressoir ; l'équité
voulant qu'elles ne soient frappées des droits que pour
les quantités de vin qu'elles contiennent réellement, il
convient de suivre cette proportion dans les formalités
à la circulation (doctrine administrative).

de la Chambre du 28 juin 1905, *Officiel, loc. cit.*), *assimile* aux marchands en gros « celui qui, d'un magasin central, alimentera plusieurs maisons de détail lui appartenant ou non ». Le commerçant visé par cette disposition devra donc placer dans un entrepôt public les vins destinés à être livrés à ces maisons de détail, sauf à jouir jusqu'au 1er janvier 1916 de la faculté accordée par le paragraphe 2, dans les conditions édictées par ce paragraphe. En un mot, sa situation est la même que celle d'un marchand de vins en gros.

Mais ces prescriptions ne s'appliquent qu'en ce qui concerne le magasin central ; si le commerçant possède en même temps une maison de détail, il ne sera pas assujetti pour celle-ci aux dispositions des paragraphes 1 et 2, à la condition, bien entendu, que la maison de gros soit séparée de la maison de détail. Tel est l'objet du paragraphe 4, ajouté par M. Berry à son amendement.

13. Assujettissement a l'exercice des commissionnaires de roulage et entrepreneurs de transports établis dans l'intérieur de Paris (article 9 § 6). — Cette disposition, due à un amendement de M. Sarraut, « a pour objet, disait celui-ci, de surveiller et de réprimer la fraude du mouillage dans les magasins plus ou moins clandestins, où les entrepreneurs de transports reçoivent et adultèrent des vins qui seront ensuite livrés aux débitants » (1re séance de la Chambre du 28 juin 1905, *Officiel* du 29 juin, p. 2544).

Nous noterons toutefois : 1° que, d'après les déclarations conformes du rapporteur et de l'auteur de l'amendement, la disposition en question ne s'applique pas aux gares ; 2° qu'elle concerne seulement les vins, l'exercice de la régie, dans le cas prévu dans le paragraphe 2, auquel renvoie le paragraphe 6, ne devant porter que sur les vins, ainsi que nous venons de le voir (ci-dessus, n° 12).

14. Constatation et répression des infractions aux prescriptions de l'article 9 (article 9 § 5). — En dehors des employés des contributions indirectes et de l'octroi, les agents autorisés par la loi à dresser des procès-verbaux en matière de contributions indirectes sont les employés de l'administration des finances, les gendarmes, les agents du service des ponts et chaussées, de la navigation et des chemins vicinaux, ayant déjà le pouvoir de dresser des procès-verbaux (loi du 28 février 1872, article 5) et les gardes champêtres (loi du 21 juin 1873, article 2). L'idée du législateur, en parlant de « tous agents », a été évidemment de rendre la constatation des délits aussi facile que possible, en la permettant à tous ceux des agents énumérés

dans les dispositions des lois ci-dessus rappelées qui peuvent se trouver à Paris.

Les peines édictées par l'article 1er de la loi du 28 février 1872 consistent, comme on l'a déjà vu, en une amende de 500 à 5,000 fr., indépendamment de la confiscation des boissons saisies.

15. Interdiction de préparer dans Paris des liquides fermentés autres que les bières (article 11 §§ 1 et 2). — Dans le but de faire cesser à Paris la fabrication de vins falsifiés, dans lesquels « il n'entrait parfois pas même un grain de raisin » (comp. ci-dessus n° 12), l'article 3 de la loi du 18 juillet 1904 y avait interdit « toute préparation de liquides fermentés autres que les bières et les cidres provenant exclusivement de la mise en œuvre de pommes ou poires fraîches ». Mais, pas plus que les vins, les cidres n'échappaient à l'ingéniosité des sophisticateurs. M. Lauraine dit à ce sujet, dans un de ses rapports : « Notre collègue Lechevalier a signalé dernièrement, à la tribune de la Chambre, l'abus déplorable que l'on fait dans Paris des cidres fabriqués de toutes pièces. En déniant aux sophisticateurs la faculté de faire dans la capitale des cidres naturels, on enlèvera dans bien des cas à leur industrie l'apparence d'une justification. D'ailleurs, on ne comprend pas que la raison sage qui a fait interdire la fabrication de vin avec les vendanges dans Paris n'ait pas amené à la même prohibition en ce qui concerne les cidres » (doc. de la Chambre, annexe n° 1729, sess. ord. 1904, p. 42).

L'article 11 de la nouvelle loi interdit donc dans Paris la préparation de liquides fermentés autres que les bières, les cidres n'étant plus compris dans l'exception prévue par la loi du 18 juillet 1904. On n'a pas à redouter, en effet, la sophistication des bières, puisqu'aux termes de l'article 92 de la loi du 28 avril 1816, la fabrication de ces boissons est sujette à l'exercice.

Nous croyons devoir rappeler qu'il résulte de la discussion à la Chambre de la loi du 18 juillet 1904 (séance du 9 juillet 1904, *Officiel* du 10 juillet, p. 1957 et 1959), que l'interdiction de préparer dans Paris des liquides fermentés, ne s'applique ni aux boissons de ménage (boissons légères de deux degrés), fabriquées dans l'intérieur de la famille et non destinées à la vente, ni au vin de quinquina, fait avec de l'alcool et du vin, c'est-à-dire avec des produits déjà fermentés, ni aux produits pharmaceutiques, par exemple au laudanum de Rousseau.

La disposition de l'article 11 ne s'applique pas non plus à « certaines fermentations de fruits, tels que les groseilles, cerises, etc.... » que nécessite la fabrication des liqueurs, « en vue d'obtenir non pas de l'alcool, mais plutôt certains sirops aromatiques, préparations dans lesquelles la fermentation n'est recherchée que pour dissoudre les matières colorantes des fruits ou pour s'emparer de leur arome en vue de la confection de ces liqueurs ». Le ministre des finances a, en effet, reconnu devant la commission du Sénat « que ces opérations étaient licites et a donné l'assurance que l'administration de la régie ne chercherait point à utiliser le texte du paragraphe 1er de l'article 11, pour interdire ces opérations aux distillateurs liquoristes de Paris » (rapport de M. Monis, doc. du Sénat, annexe n° 215, sess. ord. 1905, p. 570).

16. INTERDICTION D'INTRODUIRE DANS PARIS DES RAISINS DE VENDANGE; EXEMPTION DES DROITS D'OCTROI EN FAVEUR DES RAISINS FRAIS DE TABLE (article 11 § 2, modifié par l'article 68 de la loi du 17 avril 1906). — La fabrication des vins étant prohibée à Paris par la loi du 18 juillet 1904, l'octroi n'y laissait plus, depuis cette date, entrer des raisins de vendange : la première partie du paragraphe 2 de l'article 11 ne fait donc que consacrer un état de choses existant. Tel n'était pas, d'ailleurs, le but poursuivi par MM. Daujon et Arnal, auteurs de l'amendement qui est devenu le paragraphe 2 de l'article 11 (1re séance de la Chambre du 29 juin 1905, *Officiel* du 30 juin, p. 2584 et suiv.); ce qu'ils voulaient et ce qu'ils ont obtenu, c'était que les raisins frais de table fussent dorénavant exempts des droits d'octroi.

Cette exemption des droits d'octroi ne s'applique toutefois qu'aux raisins frais de table expédiés en grande vitesse (ancien texte de l'article 11), ou introduits dans Paris « en paniers ou colis d'un poids maximum de douze kilogrammes » (addition de la loi du 17 avril 1906, art. 68). Expédiés de toute autre façon, ces raisins restent soumis aux droits d'octroi, mais leur introduction n'est pas prohibée, la loi n'interdisant que l'introduction des « raisins de vendange ».

La distinction entre les raisins de table et les raisins de vendange devra se faire, bien entendu, d'après l'espèce de ces raisins; s'il s'agit — ce qui se produira fréquemment (comp. observations de M. Berteaux, 1re séance de la Chambre du 23 mars 1906, *Officiel* du 24 mars, p. 1593) — de raisins pouvant à la fois servir à la table et à la fabrication du vin, ou destinés à servir à la table quoiqu'étant ordinairement, d'après leur espèce, destinés à la fabrication du vin, ce sera au particulier qui voudra les introduire dans Paris à établir qu'ils doivent y être consommés comme raisins de table; il fera cette preuve par toute sorte de moyens, par la qualité du destinataire, par exemple, et même

par la quantité expédiée, mais sans qu'on puisse prendre comme criterium ni le mode d'expédition ni le poids dont il est parlé dans les articles 11 de la loi de 1905 et 68 de la loi de 1906; ces textes, en effet, prennent en considération le mode et le poids de l'expédition pour déterminer les raisins de table qui seront exempts des droits d'octroi, et non pour distinguer ce qu'il faut entendre par raisins de vendange et par raisins de table, distinction qui serait, du reste, absolument arbitraire.

17. RÉPRESSION DES CONTRAVENTIONS A L'ARTICLE 11 (article 11 § 4). — Ces contraventions sont punies, dit la loi, des peines édictées par l'article 1er de la loi du 28 février 1872, c'est-à-dire d'une amende de 500 à 5,000 fr. et de la confiscation des *boissons saisies*, sur la question de savoir si le texte, parlant « de la confiscation des *boissons saisies* », permet de saisir et de confisquer les *raisins de vendange*, voir ci-dessus n° 8.

IV.

Dispositions diverses relatives aux expéditions

18. OBLIGATION POUR LES RECEVEURS BURALISTES DE DÉLIVRER DES EXTRAITS DE LEURS REGISTRES (article 10 §§ 1 et 2). — L'article 8 §§ 2 et 3 de la loi du 2 août 1872 avait déjà permis aux propriétaires, fermiers, expéditeurs et destinataires, munis de l'autorisation du juge de paix, de prendre connaissance sur place des livres et registres de la régie moyennant un droit de recherche d'un franc par compte communiqué.

L'article 10 §§ 1 et 2 de la loi du 6 août 1905, obligeant les receveurs buralistes à délivrer « aux personnes qui en font la demande des extraits de leurs registres concernant les déclarations dans lesquelles ces personnes sont nominativement désignées », a été proposé par le gouvernement sur la demande de plusieurs syndicats (exposé des motifs, doc. de la Chambre, annexe n° 2355, sess. ord. 1905, p. 370).

Les extraits doivent être délivrés sur papier libre; le coût en est de 25 centimes. Si la date de la déclaration dont on veut avoir l'extrait n'a pas été clairement indiquée par celui qui le réclame, s'il a fallu que le buraliste se livre à une recherche, en ce cas, mais en ce cas seulement, il lui est dû, en outre, un droit de 50 centimes par chaque année indiquée comme pouvant être celle au cours de laquelle la déclaration a été faite. Le texte de l'article 10 § 2 ne parle, en effet, de ce droit de 50 centimes qu' « en cas de recherche ».

19. OBLIGATION POUR LES EXPÉDITEURS DE

PRENDRE LES CONGÉS OU ACQUITS A LA RECETTE BURALISTE DU LIEU D'ENLÈVEMENT (article 10 § 3). — D'après l'article 6 de la loi du 28 avril 1816, « aucun enlèvement ni transport de boissons ne pourra être fait sans déclaration préalable de l'expéditeur ou de l'acheteur, et sans que le conducteur soit muni d'un congé, d'un acquit-à-caution ou d'un passavant pris au bureau de la régie ». Ce bureau ne semble pouvoir être que celui dans le ressort duquel doit avoir lieu l'enlèvement; d'une part, ce sera le plus souvent celui qui se trouvera le plus rapproché du domicile de l'expéditeur; d'autre part, et surtout, les employés de la régie dans la circonscription desquels est ce bureau pourront plus facilement surveiller le transport dont la déclaration a été faite. La déclaration de l'expédition dans un autre bureau que celui du lieu de l'enlèvement ne pouvait donc, d'après la loi de 1816, être faite que si la régie y consentait, par exemple, parce que l'expéditeur était plus rapproché de cet autre bureau. C'est bien ce qui résulte d'une observation du commissaire du gouvernement, demandant qu'à la fin de la disposition qui nous occupe, on ajoute « sauf exceptions autorisées par l'administration » (1re séance de la Chambre du 28 juin 1905, *Officiel* du 29 juin, p. 2545).

L'article 10 § 3, dû à un amendement de M. Bonnevay (voir *Officiel, loc. cit.*), n'a donc fait que consacrer, en termes exprès, une règle découlant naturellement et implicitement de l'article 6 de la loi de 1816.

20. EXPÉDITION DE VIN PAR ACQUIT-A-CAUTION; NÉCESSITÉ D'UNE DÉCLARATION DU DÉTENTEUR DES BOISSONS, QUELLE QUE SOIT LA QUANTITÉ EXPÉDIÉE (article 10 § 4). — Aux termes de l'article 6 de la loi du 28 avril 1816, la déclaration préalable à l'enlèvement ou au transport des boissons doit être faite par *l'expéditeur* ou *l'acheteur*. Dans le but d'empêcher la délivrance d'acquits fictifs, à la suite de déclarations d'enlèvements faites sous un nom supposé ou sous le nom d'un tiers sans son consentement (voir ci-dessus n° 18), l'article 2 de la loi du 18 juillet 1904 avait complété l'article 6 de la loi du 28 avril 1816, par la disposition suivante : « Pour les enlèvements de vin de plus de 20 hectolitres, lorsque la déclaration n'est pas faite par le détenteur actuel des boissons, elle doit être accompagnée d'une attestation de ce dernier confirmant la réalité de l'opération. L'auteur d'une attestation reconnue fausse ou inexacte et celui qui en aura sciemment fait usage seront punis des peines prévues à l'article 4 de la loi du 6 avril 1897 (amende de 200 à 1,000 fr., ne pouvant être inférieure à 500 fr. en cas de récidive, et confiscation des boissons saisies). »

Le paragraphe 4 de l'article 10, dû à un amendement de M. Bonnevay (1res séances de la Chambre des 28 et 29 juin 1905, *Officiel* des 29 et 30 juin, p. 2545 et 2579), exige, au cas prévu par l'article 2 de la loi du 18 juillet 1904, la déclaration du détenteur des boissons, quelle que soit la quantité de vin expédiée.

21. OBLIGATION DE FAIRE VISER EN COURS DE ROUTE LES ACQUITS-A-CAUTION ACCOMPAGNANT LES CHARGEMENTS DE PLUS DE DIX HECTOLITRES DE VIN (article 12 §§ 1 et 2). — Aux termes de l'article 8 § 1er de la loi du 16 décembre 1897, quand un chargement de spiritueux dépasse un hectolitre en alcool pur, l'acquit-à-caution accompagnant le chargement doit être visé en cours de transport, à un ou plusieurs bureaux des contributions indirectes, des douanes ou de l'octroi, le défaut d'accomplissement de cette obligation devant entraîner la non-décharge de l'acquit-à-caution. L'article 1er de la loi du 18 juillet 1904 avait étendu ces dispositions aux chargements de vin de plus de vingt hectolitres.

Sur la proposition de M. Bonnevay (1re séance de la Chambre du 29 juin 1905, *Officiel* du 30 juin, p. 2591), le visa est devenu obligatoire dès que les chargements dépassent la quantité de dix hectolitres.

22. INTERDICTION DE LA CIRCULATION DES BOISSONS DE MARCS, DITES PIQUETTES (articles 12 §§ 3 et 4, et 13). — La loi du 6 avril 1897, qui interdit la fabrication et la circulation en vue de la vente des vins de marcs et des vins de sucre, avait cependant autorisé, moyennant le droit d'un franc par hectolitre, la circulation des boissons de marcs, dites piquettes, provenant de l'épuisement des marcs par l'eau, sans addition d'alcool, de sucre ou de matières sucrées, à la condition que ces boissons fussent à destination de particuliers pour leur consommation familiale (article 3 § 6). La vente des piquettes se trouvait ainsi permise, pourvu que les acheteurs fussent de simples particuliers et non des négociants.

L'article 12 §§ 3 et 4 de la nouvelle loi, dû à un amendement de M. Razimbaud (1re séance de la Chambre du 29 juin 1905, *Officiel* du 30 juin, p. 2591), a, en principe, interdit la circulation des piquettes ; la circulation de celles-ci est encore permise toutefois, « quand elle n'a pas lieu en vue de la vente, » dit l'article 13, dont l'auteur est M. Bonnevay (1re séance de la Chambre du 30 juin 1905, *Officiel* du 1er juillet, p. 2619 et suiv.) ; un propriétaire fera, par exemple, transporter cette boisson d'une de ses exploitations à l'autre, ou le récoltant ou l'ouvrier qui l'ont préparée pour leur consommation personnelle la conduiront d'une ancienne habitation à une nouvelle, etc. (1).

23. Mention du lieu d'origine sur les titres de mouvement (article 25). — D'après l'article 8 § 1ᵉʳ de la loi du 2 août 1872, les acquits-à-caution accompagnant le transport des spiritueux devaient porter l'indication des substances avec lesquelles avaient été fabriqués ces spiritueux et être libellés sur papier blanc pour les alcools de vin, sur papier rouge pour les alcools d'industrie, et sur papier bleu pour les mélanges. Cette disposition a été modifiée par l'article 23 de la loi du 31 mars 1903 qui, visant à la fois, sous le nom de titres de mouvement, les acquits-à-caution et les congés, n'en admet plus que deux catégories : les uns, libellés sur papier rose, applicables à la généralité des spiritueux, quelle qu'en soit la provenance, les autres, établis sur papier blanc, et applicables exclusivement : 1° aux eaux-de-vie et alcools naturels provenant uniquement de la distillation des vins, cidres, poirés, marcs, cerises et prunes ; 2° aux rhums et tafias naturels, pour lesquels, hors de leur importation, il sera justifié de leur provenance directe des colonies françaises ; 3° aux genièvres fabriqués dans les conditions spécifiées au paragraphe 2 de l'article 15 de la loi du 30 mars 1902, c'est-à-dire obtenus par la distillation simple du seigle, du blé, de l'orge et de l'avoine, et susceptibles d'être livrés sans coupage à la consommation ; ces titres de mouvement indiquent la substance avec laquelle les spiritueux ont été fabriqués, et les acquits-à-caution comportent un bulletin qui constitue un certificat d'origine et qui, lors de leur remise au service, est détaché pour être conservé par le destinataire. Le reste de l'article spécifie à quelles personnes et moyennant quelles conditions les expéditions en question, c'est-à-dire sur papier rose, peuvent être délivrées.

M. Larquier, député, avait déposé, sous forme d'amendement, un article additionnel à la proposition de loi présentée par la commission, aux termes duquel le deuxième alinéa de l'article 23 de la loi du 30 mars 1903 était complété de la façon suivante :

1° Les titres de mouvement sur papier blanc devaient indiquer non seulement la substance avec laquelle les spiritueux ont été

fabriqués, mais encore « leur région d'origine ».

2° En cas de vente des spiritueux, le bulletin détaché de l'acquit-à-caution et remis au destinataire devait être déposé au bureau de la régie, qui en délivrerait des ampliations jusqu'à concurrence des quantités indiquées.

Cet amendement, d'abord accepté par la commission dans son texte intégral, fut ensuite modifié par elle et rédigé dans les termes qui sont devenus l'article 25, après suppression de la seconde partie de l'amendement (voir rapports de M. Lauraine, doc. de la Chambre, annexe n° 1729, sess. ord. 1904, p. 43, et annexe n° 2308, sess. ord. 1905, p. 291).

Du texte de l'article 25 il résulte : 1° que c'est seulement sur la demande des expéditeurs, et aux conditions fixées par l'administration, que les titres pourront mentionner le lieu d'origine de ces matières premières ;

2° Que cette mention ne peut être demandée que pour les eaux-de-vie et alcools naturels, c'est-à-dire évidemment pour les spiritueux visés à l'article 23-1° de la loi du 31 mars 1903, et non pour les rhums et tafias naturels et les genièvres visés aux 2° et 3° du même article.

24. Mention du titre de mouvement sur les futs, caisses et bouteilles (article 26). — Quand le consommateur achète un spiritueux à un intermédiaire, il peut certainement demander à celui-ci communication des titres de mouvement qui accompagnaient l'envoi de ces spiritueux fait à cet intermédiaire, c'est-à-dire du congé et du bulletin détaché de l'acquit-à-caution en exécution de l'article 23 de la loi du 31 mars 1903 ; il aura ainsi un moyen, bien précaire, il est vrai, comme on le verra plus loin, de s'assurer de la substance avec laquelle ce spiritueux aura été fabriqué. Mais rien n'oblige l'intermédiaire à faire cette communication, et, outre qu'il pourra opposer un refus formel à la demande du consommateur, il aura mille prétextes pour se soustraire indirectement à cette demande. C'est ce qu'a voulu empêcher l'article 26 de la loi du 6 août 1905, en exigeant qu'aucun spiritueux ne soit exposé, colporté, ni vendu sans que les fûts, caisses, bouteilles le contenant portent sur une étiquette très apparente la mention du titre de mouvement concernant les substances avec lesquelles l'alcool que contient le spiritueux a été fabriqué.

Mais, si le titre de mouvement doit être ainsi, d'après les prescriptions formelles de la loi, obligatoirement connu du consommateur, on peut craindre que, dans la pratique, ces prescriptions ne restent lettre morte, au moins dans les communes où il existe une surveillance effective et permanente aux entrées et où, par conséquent, l'exercice des dé-

---

(1) Dans sa circulaire, n° 612, du 8 août 1905, l'administration fait remarquer que le droit de circulation calculé au tarif général des vins, soit 1 fr. 50 l'hectolitre, sera applicable aux piquettes qu'un récoltant s'expédiera à lui-même en dehors du rayon de franchise déterminé par l'article 20 du décret du 17 mars 1852 (étendue du canton où la récolte aura été faite et commune limitrophe de ce canton, que celle-ci soit ou non dans le même département).

bits de boissons est supprimé (loi du 29 décembre 1900, articles 5 et 6), le détaillant pouvant mentionner le même titre de mouvement pour une bien plus grande quantité de spiritueux que celle à laquelle ce titre est vraiment applicable. Même dans les communes où, en l'absence de surveillance effective et permanente aux entrées, il est tenu pour les débitants le même compte de spiritueux que pour les marchands en gros (loi du 29 décembre 1900, article 6), il sera bien difficile de s'assurer que les différents spiritueux portés sur le compte du détaillant ont été vendus aux consommateurs avec la mention correspondant exactement aux titres de mouvement accompagnant originairement chacun de ces spiritueux.

L'article dit : « Aucun spiritueux ne pourra être colporté, etc.... » ; il est donc applicable à l'exposition, au colportage et à la vente de tout spiritueux, quel qu'il soit, aussi bien aux spiritueux naturels expédiés avec des titres de mouvement sur papier blanc, qu'aux divers autres spiritueux expédiés avec titres de mouvement sur papier rose (loi du 31 mars 1903, article 23 ; voir le numéro précédent).

Nous devons faire remarquer, en terminant, que, dans le cas où des infractions à l'article 26 seraient constatées, malgré les difficultés que présentera, suivant nous, la preuve de ces infractions, celles-ci échapperaient à toute pénalité, le législateur n'en ayant indiqué aucune comme sanction des prescriptions édictées par lui dans ledit article.

25. EXPÉDITION DE BOISSONS SOUS ACQUIT-A-CAUTION ; EXPÉDITEUR ET DESTINATAIRE SOLIDAIREMENT PASSIBLES DU DOUBLE DROIT (article 28). — En vertu de l'article 4 de la loi du 29 décembre 1900, les droits de circulation et de consommation sur les boissons expédiées sous acquit aux débitants, et le droit de consommation sur les spiritueux expédiés aux consommateurs dans des villes d'une population agglomérée de 4,000 habitants et au-dessus et dans des localités où il existe des taxes d'octroi sur l'alcool, doivent être acquittés, savoir : dans les localités ayant une population agglomérée de 4,000 habitants et au-dessus ou pourvues d'un octroi, au moment de l'introduction ; partout ailleurs, dans les quinze jours suivant l'expiration du délai fixé pour le transport ; pour les débitants qui vendent accidentellement des boissons les jours de fêtes ou de foire, les droits sont exigibles immédiatement.

Si les droits ne sont pas acquittés dans les délais impartis par cet article, la régie, suivant les dispositions de l'ordonnance du 11 juin 1816, refuse la décharge de l'acquit et réclame le double droit à l'expéditeur ou à sa caution, sauf à l'expéditeur à se retourner ensuite contre le destinataire, si, d'après les conventions des parties, le paiement des droits incombait à ce dernier. Afin d'éviter à l'expéditeur les ennuis et les difficultés résultant d'un paiement auquel il ne pensait pas devoir être obligé et du recours à exercer ensuite contre le destinataire (voir rapport de M. Lauraine, doc. de la Chambre, annexe n° 2372, sess. ord. 1905, p. 388), l'article 28 de la nouvelle loi, complétant l'article 4 de la loi du 29 décembre 1900, décide « qu'en cas de retards le destinataire est solidairement avec l'expéditeur passible du double droit [1] ».

La régie pourra ainsi exiger directement du destinataire le paiement du double droit, mais rien ne la force, en principe du moins, à s'adresser à lui plutôt qu'à l'expéditeur ; elle est libre de poursuivre l'un ou l'autre, à son choix, ou même de les poursuivre tous les deux ; le propre, en effet, d'une obligation solidaire est que « chacun des débiteurs puisse être contraint pour la totalité de la dette » (article 1200 du Code civil). Il ne faut donc pas prendre à la lettre le passage du rapport de M. Lauraine (*loc. cit.*), où il est dit « qu'en cas de simple retard c'est au destinataire que la régie s'adressera, et que le marchand en gros expéditeur ne pourra plus être inquiété pour non-décharge d'acquit-à-caution qu'en cas de faute de sa part, de fausse destination, expédition non applicable, etc.... » En fait, la régie devra tenir compte de cette observation du rapporteur, comme d'un désir exprimé par le législateur, mais en droit elle n'y sera pas obligée, l'article 28 créant entre l'expéditeur et le destinataire une solidarité dont les effets doivent être réglés conformément aux principes généraux du droit [2].

---

[1] Le destinataire est-il, en principe, tenu au paiement du droit simple ? Dans un arrêt du 30 octobre 1905 (*Journal des contributions indirectes* du 20 avril 1906, p. 214), la Cour de cassation, statuant dans une espèce antérieure à la loi qui nous occupe, a déclaré que, d'après les articles 1 et 8 de l'ordonnance du 11 juin 1816, l'engagement, que l'expéditeur soumissionnaire d'un acquit contracte avec sa caution vis-à-vis de la régie, de rapporter, dans le délai qui est imparti, le certificat de décharge ou de payer le double droit, est exclusivement personnel aux deux signataires, et que, si le débitant destinataire peut être tenu, dans ses rapports avec l'expéditeur, soit de faire décharger l'acquit en payant le droit de consommation, soit de lui rembourser le montant de ce droit, il n'en est à aucun moment le débiteur direct vis-à-vis de la régie.

Il semble bien que cette doctrine doit rester la même depuis la loi du 6 août 1905. En effet, le législateur, dans l'article 28, ne parle que du double droit ; c'est donc qu'il a voulu simplement contraindre, par un moyen indirect, le débitant à dégager la responsabilité de l'expéditeur en acquittant le droit simple pour le compte de ce dernier, mais rien n'indique qu'il ait entendu innover ni voulu modifier les principes découlant de l'ordonnance de 1816, en ce qui concerne l'obligation vis-à-vis de la régie au paiement du droit simple.

[2] Deux cas peuvent se présenter où l'action de la

Il y a retard dans un paiement non seulement lorsque le débiteur avait pour payer un délai qu'il a laissé passer sans s'acquitter, mais encore lorsqu'il devait payer immédiatement et qu'il ne l'a point fait. L'article 28 est donc applicable non seulement quand il s'agit de droits devant être acquittés dans les quinze jours du transport (article 4 § 3 de la loi du 29 décembre 1900), mais encore quand il s'agit de droits devant être acquittés immédiatement (même article §§ 2 et 4). Comp. rapport de M. Lauraine, *loc. cit.*

V.

Dispositions diverses relatives à la constatation et à la répression des infractions en matière de contributions indirectes, visites domiciliaires, procès-verbaux, saisies, etc.

26. VISITES DANS L'INTÉRIEUR DES LOCAUX SERVANT EXCLUSIVEMENT A L'HABITATION (article 14). — Le droit de visite des employés de la régie est réglé par les articles 235 à 237 de la loi du 28 avril 1816. Aux termes de l'article 235, ils peuvent, sans aucune formalité, faire les visites et exercices chez les personnes assujetties à ces visites et exercices, à condition de les faire pendant le jour, sauf quand il s'agit de brasseries ou distilleries où ils ont le droit de pénétrer la nuit quand elles sont en activité.

En ce qui concerne les particuliers non soumis à l'exercice, ils ne peuvent, au contraire, pénétrer dans leurs habitations qu'à certaines conditions prévues dans l'article 237 : il faut qu'il y ait soupçon de fraude, que la visite ait été ordonnée par un employé supérieur, du grade de contrôleur au moins, et enfin que les agents soient assistés du juge de paix, du maire, de son adjoint, ou du commissaire de police. Ces garanties n'ont pas empêché cependant des abus de se produire, et le droit de visite chez les particuliers a soulevé, depuis longtemps, de nombreuses protestations. Aussi la commission des boissons à la Chambre avait-elle cru nécessaire de proposer certaines modifications à l'article 237, dont nous parlerons plus loin (rapport de M. Lauraine, doc. de la Chambre, annexe n° 1729, sess. ord. 1904, p. 42). Mais, à la première séance de la Chambre du 30 juin 1905, M. Paul Meunier déposa un amendement aux termes duquel « l'article 237 de la loi du 28 avril 1816 était abrogé » (*Officiel* du 1er juillet, pages 2623 et suiv.). Devant l'opposition du ministre des finances, cet amendement fut rejeté. M. Paul Coutant déposa alors un nouvel amendement qui est devenu l'article 14 de la loi du 6 août 1905.

Aux termes de cette disposition, l'article 237 de la loi de 1816 « cesse d'être applicable aux visites des employés de la régie dans l'intérieur des locaux servant exclusivement à l'habitation des particuliers non sujets à l'exercice », et ces visites doivent être autorisées par le président du tribunal civil ou le juge de paix. Les visites de tous autres locaux que ceux « servant exclusivement à l'habitation », tels que caves, chais, celliers, granges, remises, magasins de tout genre, boutiques, etc., continueront, au contraire, d'être faites sur l'ordre d'un employé supérieur de la régie, du grade de contrôleur au moins, comme le prescrit l'article 237 de la loi du 28 avril 1816.

Mais ce dernier article, complété par l'article 15 de la loi du 6 août 1905, ainsi que nous le verrons plus loin, contient encore de nombreuses prescriptions réglementant le droit de visite chez les particuliers non sujets à l'exercice. Ces prescriptions continuent-elles de réglementer le droit de visite des locaux d'habitation ? Il serait assez logique

---

régie, pour le recouvrement des droits, doit s'exercer différemment à l'égard des débiteurs solidaires.

1° Le destinataire reconnaît avoir reçu la boisson ou le service est en mesure de fournir la preuve de cette réception ;

2° Le destinataire déclare n'avoir pas reçu la boisson et le service ne peut établir le contraire.

L'administration a donné, à ce sujet, les instructions suivantes à ses agents (lettre du 1er février 1906) :

Dans le premier cas, la contrainte est décernée, visée et signifiée par le receveur dans la circonscription duquel est domicilié le destinataire, visée par le juge de paix du canton où se trouve le receveur et notifiée à la requête du directeur ou du sous-directeur suivant les formes tracées par l'article 68 du Code de procédure civile modifié par la loi du 15 février 1899.

Si le destinataire ne se libère pas, si le soumissionnaire de l'acquit, invité comme l'a prescrit la circulaire n° 612 du 8 août 1905, à acquitter aux lieu et place de son codébiteur tout ou partie des doubles droits, refuse d'effectuer ce paiement et si, enfin, les poursuites qui seraient engagées contre le destinataire paraissaient devoir rester infructueuses, le comptable qui a délivré la première contrainte en établit une seconde contre l'expéditeur, en ayant soin d'y mentionner que ce nouvel acte de poursuite se réfère à la même réclamation que celle faite par contrainte du..... décernée contre le destinataire coobligé de l'expéditeur.

Cette seconde contrainte, visée également par le juge de paix du canton, est alors transmise, pour la signification, au comptable dans le ressort duquel est situé le bureau qui a libellé l'acquit-à-caution, signification qui doit être faite au nom du directeur ou du sous-directeur qui a commencé les poursuites.

Il n'y a pas lieu de soumettre l'exploit au visa du juge de paix du canton du domicile de l'expéditeur, puisque seul est exigé, à peine de nullité, le visa du juge de paix dans lequel est établi le bureau de perception (Cassat. du 30 décembre 1903, Sirey, 1905, 1, 44).

Dans le second cas, et à défaut de paiement volontaire par le soumissionnaire de l'acquit, la contrainte devrait être décernée comme antérieurement à la loi du 6 août 1905, c'est-à-dire par le receveur du bureau d'origine de l'acquit et en vertu des dispositions des articles 1er et 8 de l'ordonnance du 11 juin 1816.

En thèse générale, l'administration recommande de ne recourir à la voie de la contrainte et aux poursuites que si l'expéditeur a refusé de désintéresser le Trésor.

d'admettre l'affirmative, et de décider que l'obligation pour la régie d'obtenir une ordonnance du président du tribunal ou du juge de paix n'est, quand il s'agit de la visite des locaux d'habitation, qu'une garantie de plus en faveur des particuliers ajoutée par le législateur à celles énumérées dans l'article 237. Un tel raisonnement serait cependant contraire 1° au texte formel de la loi, qui déclare que « l'article 237 cesse d'être applicable » aux visites dans les locaux d'habitation ; 2° à la discussion qui a eu lieu à la Chambre au sujet de l'article 14.

L'amendement déposé par M. Paul Coutant, à la suite du rejet de l'amendement de M. Paul Meunier, dont nous avons parlé plus haut, était, en effet, ainsi conçu : « Les perquisitions prévues par l'article 237 de la loi du 28 avril 1816 ne pourront avoir lieu dans les pièces composant le domicile privé du propriétaire récoltant que *dans les formes du droit commun.* » En outre, d'autres amendements, déposés par MM. Devins, Aldy et Gaston Doumergue, furent abandonnés par leurs auteurs qui déclarèrent se rallier à celui de M. Coutant. La commission, « retenant l'idée de l'amendement », demanda alors qu'il lui fût renvoyé pour présenter au début de la séance suivante « un texte étudié » (*Officiel* du 1ᵉʳ juillet, p. 2628 et suiv.).

A la seconde séance du 30 juin (*Officiel* du 1ᵉʳ juillet, p. 2632), M. Lauraine, rapporteur, déposa, au nom de la commission, le texte qui forme l'article 14, et qu'il présenta comme étant « le résumé fidèle des amendements qui, ce matin, paraissaient réunir la majorité », tout en ayant l'avantage de ne pas faire disparaître le texte présenté par la commission pour compléter l'article 237 (c'est-à-dire l'article 15), lequel s'applique aux visites faites dans les locaux autres que ceux servant exclusivement à l'habitation.

Or, quel était le but de l'amendement de M. Coutant, auquel s'étaient ralliés, nous l'avons dit, les auteurs des autres amendements, si ce n'est de soustraire les visites des locaux d'habitation aux dispositions de l'article 237, et de les soumettre aux règles du droit commun ?

Le texte de la loi, éclairé par la discussion qui l'a précédé, ne laisse donc aucun doute : l'article 237 de la loi du 28 avril 1816 n'est pas applicable aux visites des locaux d'habitation ; ces visites sont réglementées par l'article 14 de la loi du 6 août 1905 et par le droit commun.

L'article 14 ne les réglemente expressément que sur un point, celui de savoir par qui elles sont autorisées. Elles doivent l'être par le président du tribunal civil de l'arrondissement ou par le juge de paix du canton ; la régie pourra présenter requête à son choix à l'un ou à l'autre de ces deux magistrats, la loi ne spécifiant pas dans quels cas elle devra s'adresser à l'un plutôt qu'à l'autre. Mais il va de soi que, dès que l'un des deux magistrats aura été saisi par elle, elle ne saurait plus s'adresser à l'autre, présenter sa requête, par exemple, au président du tribunal, après s'être vu opposer un refus par le juge de paix.

Les ordonnances rendues sur requête ne sont susceptibles d'aucun recours, à moins d'excès de pouvoir ou d'incompétence (voir notamment Riom, 6 décembre 1878, Dalloz, 1880, 2, 3, et 29 novembre 1879, Dalloz, 1881, 2, 69, et aussi Grenoble, 9 août 1848, Dalloz, 1849, 2, 123), quand elles constituent simplement des actes de juridiction gracieuse, c'est-à-dire quand le magistrat donne un ordre ou une autorisation, sans être saisi d'un différend, sans rien juger (comp. note de M. Glasson, sous l'arrêt de Cassation du 3 avril 1895, Dalloz, 1896, 1, 5) ; il en sera ainsi de l'ordonnance du président du tribunal ou du juge de paix autorisant une visite domiciliaire en vertu de l'article 14 de la loi du 6 août 1905.

Quant aux conditions, aux formes de la visite, on suivra, en principe, les règles du droit commun, comme nous l'avons déjà dit, c'est-à-dire les règles du Code d'instruction criminelle et du Code de procédure civile. Les investigations ne pourront, par exemple, porter que sur les objets utiles à la manifestation de la vérité (article 36 du Code d'instruction criminelle), pouvant constituer la preuve de la contravention alléguée par la régie (comp. amendement de M. Devins, *Officiel, loc. cit.*, p. 2628) ; la visite devra être faite en présence du prévenu, s'il se trouve sur les lieux, et s'il veut y assister, et, dans ce cas, les objets saisis lui seront représentés, afin de les reconnaître (article 39 même Code) ; elle devra être faite le jour, c'est-à-dire, aux termes de l'article 1037 du Code de procédure civile, entre six heures du matin et six heures du soir du 1ᵉʳ octobre au 31 mars, et entre quatre heures du matin et neuf heures du soir du 1ᵉʳ avril au 30 septembre.

Par qui sera faite la visite ? D'après le droit commun, ce devrait être par un officier de police judiciaire. Mais le texte de l'article 237 démontre que telle n'a pas été l'intention du législateur ; il y est dit, en effet : « l'article 237.... cesse d'être applicable aux visites des employés de la régie », c'est-à-dire aux visites *faites par les employés de la régie.* Ce sont eux, par conséquent, qui doivent faire la visite. Peuvent-ils la faire seuls, étant munis de l'ordonnance du président du tribunal ou du juge de paix ? La loi est muette sur ce point. Nous croyons que c'est seulement en cas de résistance de la part du prévenu ou des autres personnes occupant l'habitation, ou en cas de fermeture des portes, qu'il leur faudra se faire accompagner d'un officier de police judiciaire, comme il est indiqué par l'article 587 du Code de procédure civile en matière de saisie-exécution. Comp. circulaire n° 612, du 6-8 août 1905.

La loi ne dit pas non plus quels employés auront qualité pour solliciter du président ou du juge de paix l'autorisation de pratiquer une visite. Il faut en conclure que cette autorisation pourra, en principe, être demandée à l'un ou l'autre de ces magistrats par tout employé de la régie, quel que soit son grade. Mais nous pensons que, dans la pratique, les agents n'ayant pas le grade de contrôleur au moins devront se munir de l'autorisation de leurs chefs avant de présenter la requête au président ou au juge de paix ; en ce sens, circulaire n° 612 précitée.

On voit par tout ce qui précède combien il est regrettable que le législateur, dans l'article 14, ait été aussi laconique ; car ce texte laisse indécis bien des points qu'il eût été nécessaire de fixer, surtout en pareille matière.

Enfin, l'article 237 de la loi de 1816 déclare, au paragraphe 2, que « les marchandises transportées en fraude qui, au moment d'être saisies, seraient introduites dans une habitation pour les soustraire aux employés, pourront être suivies par eux, sans qu'ils soient tenus, dans ce cas, d'observer les formalités ci-dessus prescrites, » c'est-à-dire que les employés pourront pénétrer immédiatement dans l'habitation sans ordre d'un employé supérieur et sans se faire assister d'un officier de police judiciaire. L'article 237 « cessant d'être applicable » aux visites des locaux d'habitation, et aucune réserve n'ayant été faite par l'article 14 de la nouvelle loi pour le cas prévu par le paragraphe 2 de l'article 237, il s'ensuit nécessairement que même en ce cas, si les marchandises sont introduites dans des locaux servant exclusivement à l'habitation, les employés de la régie ne peuvent pénétrer dans ces locaux qu'après y avoir été autorisés conformément aux dispositions de l'article 14. Quand ils se présenteront munis de cette autorisation, l'objet du délit aura probablement disparu et la visite sera devenue sans objet ; mais le texte de la loi est formel. Voir cependant en sens contraire la circulaire n° 612 précitée.

27. DISPOSITIONS COMPLÉMENTAIRES AJOUTÉES A L'ARTICLE 237 DE LA LOI DE 1816. REMISE EN ÉTAT DES LOCAUX VISITÉS (articles 15 et 16). — En ce qui concerne la visite des *locaux autres que ceux servant exclusivement à l'habitation*, la loi du 6 août 1905 a complété l'article 237 de la loi du 28 avril 1816, mais n'a apporté aucune modification aux dispositions

de cet article déjà existantes (voir *supra*, n°s 1, 3, 4 et 5). Ces visites n'ont pas besoin d'être autorisées par un magistrat de l'ordre judiciaire ; il suffit qu'elles soient ordonnées par écrit par un employé supérieur de la régie, du grade de contrôleur au moins ; les employés procédant aux visites doivent être assistés d'un officier de police judiciaire ; les employés peuvent enfin, sans ordre d'un employé supérieur et sans être assistés d'un officier de police judiciaire, pénétrer dans les locaux où des marchandises transportées en fraude seraient introduites au moment d'être saisies.

Ce qu'a voulu la loi du 6 août 1905, dans son article 15, c'est surtout donner aux particuliers des garanties plus complètes que celles résultant de l'article 237 de la loi de 1816.

Tout d'abord, il ne peut jamais être procédé à une visite que sur un *ordre écrit*, même si l'employé qui fait cette visite a lui-même qualité pour donner cet ordre. On évitera ainsi l'usage d'ordres donnés en blanc ou rédigés après coup.

Pour assurer l'exécution de cette prescription, la loi veut que l'ordre soit, avant la visite, visé par l'officier de police judiciaire accompagnant les agents, et soit, avant toute perquisition, lu à l'intéressé ou à son représentant : sur la demande de l'un de ceux-ci, copie de l'ordre de visite devra lui être remise dans les trois jours.

De plus, l'ordre de visite doit, *à peine de nullité*, indiquer sommairement les motifs sur lesquels la régie base le soupçon de fraude à la fois suffisant et nécessaire, d'après l'article 237, pour permettre à un employé supérieur de délivrer l'ordre de visite, et le troisième paragraphe de l'article 15 déclare en termes formels qu'une dénonciation anonyme ne saurait servir de base à un soupçon de fraude. Quand la régie recevra une dénonciation anonyme, elle ne pourra donc utiliser cette dénonciation, pour faire une perquisition, que si le dénonciateur indique à l'appui de ses dires certains faits, qui, après avoir été vérifiés, pourront alors être valablement invoqués comme motifs de la visite [1].

Les deux derniers paragraphes de l'article 15 ont trait à l'assistance des commissaires de police, dont le législateur a cru nécessaire de réglementer l'emploi ; les commissaires spéciaux ne peuvent assister aux visites que dans leur canton ou dans les cantons de leur arron-

---

[1] Insistant sur ses précédentes recommandations, la régie, à l'occasion de l'application des dispositions qui précèdent, a rappelé que les nécessités de la répression de la fraude doivent se concilier avec le respect de la liberté individuelle et de l'inviolabilité du domicile. Aussi, les employés sont-ils tenus, en demandant un ordre de visite au directeur et au sous-directeur, d'exposer nettement les motifs qui justifient leur intervention et ce, dans le but d'éviter toutes perquisitions abusives (circulaire n° 599, du 25 août 1905).

dissement où il n'y a pas d'autres commissaires de police.

Enfin, l'article 16 contient deux dispositions ayant pour but, l'une, de rendre moins vexatoire pour les particuliers l'exercice du droit de visite ; l'autre, de les mettre à même de réclamer plus facilement contre les abus dont ils seraient victimes de la part des employés de la régie : 1° après la visite, les agents doivent remettre en état les locaux qu'ils ont visités ; mais « il va de soi que cette prescription ne vise pas les détériorations — effraction de porte, par exemple — que la résistance ou l'opposition de la personne perquisitionnée aurait rendues nécessaires » (circulaire n° 612) ; 2° l'officier de police judiciaire, assistant à la visite, doit consigner les protestations qui viendraient à se produire dans un acte motivé dont copie sera remise à l'intéressé.

28. Rédaction des procès-verbaux ; énonciation qu'ils doivent contenir (article 17). — Le procès-verbal, dit Dalloz (*Suppl. au Répert. alphab.*, v° Procès-verbal, n° 1), est « l'acte par lequel tout officier ou agent de l'autorité rend compte de ce qu'il a fait dans l'exercice de ses fonctions, et de ce qui a été fait ou dit en sa présence. » Un agent ne peut donc prendre part à la rédaction d'un procès-verbal que s'il a vu et constaté par lui-même les faits à l'occasion desquels ce procès-verbal est dressé. Il paraît cependant que cette règle n'était pas toujours exactement suivie par les employés de la régie ; malgré les recommandations de cette administration, des agents intervenaient dans la rédaction des rapports sans avoir pris part à la constatation du fait délictueux ; voir à cet égard le rapport supplémentaire de M. Lauraine (doc. de la Chambre, annexe n° 2308, sess. ord. 1905, p. 290). C'est pour mettre fin à ces errements que l'article 17 § 1er de la loi du 6 août 1905 décide expressément que « les procès-verbaux dressés par la régie devront, à peine de nullité, être exclusivement rédigés par les agents qui ont pris une part personnelle et directe à la constatation du fait qui constitue la contravention ».

D'autre part, l'article 21 du décret du 1er germinal an XIII porte que les procès-verbaux, en matière de contributions indirectes, énonceront la date et *la cause de la saisie*, c'est-à-dire la nature de l'infraction constatée par l'agent verbalisateur, qui doit, par conséquent, mentionner la loi ou le règlement auquel a, d'après lui, contrevenu l'inculpé. Or, d'après le rapport de M. Lauraine, *loc. cit.*, les employés de la régie se borneraient, dans leurs procès-verbaux, à déclarer simplement qu'il a été contrevenu « aux lois et règlements sur les contributions indirectes », formule admise par la jurisprudence, mais qui a l'inconvé-

nient de ne pas faire connaître immédiatement, et d'une façon précise, à la partie intéressée le délit qui lui est reproché. L'article 17 § 2 exige donc que les procès-verbaux énoncent « la cause exacte de la saisie, c'est-à-dire la nature précise de la contravention constatée et les articles de la loi qui la définissent et ceux qui la punissent ».

Aux termes de l'article 24 du décret du 1er germinal an XIII, si le prévenu était présent à la rédaction du procès-verbal, il devait lui en être donné lecture et copie ; en cas d'absence du prévenu, le procès-verbal était affiché, dans le jour, à la porte de la maison commune du lieu de la saisie. L'article 8 de la loi de finances du 17 avril 1906 ayant abrogé l'article 24 du décret de germinal, ces formalités cesseront d'être remplies, et les procès-verbaux n'auront plus à énoncer leur accomplissement (1).

29. Remise ou rémunération accordée aux indicateurs (article 18). — Le montant de cette remise ou rémunération est déterminé d'après les règles contenues dans l'article 7 du décret du 22 avril 1898 ; l'indicateur, qui a fourni soit aux saisissants, soit à leurs chefs hiérarchiques, un avis ou des renseignements ayant amené directement la découverte de la fraude, doit recevoir, sur le produit total des amendes et confiscations, le tiers de la somme disponible après prélèvement des frais, droits fraudés et décimes ; dans le cas contraire, c'est-à-dire si les renseignements n'ont pas amené directement la découverte de la fraude, la part de l'indicateur est fixée, par une décision du conseil d'administration, à un sixième, un douzième ou un vingt-quatrième, suivant l'utilité des renseignements fournis.

Aux termes de l'article 18 de la loi du 6 août 1905, les indicateurs ne peuvent prétendre à une remise ou rémunération *quelconque*, c'est-à-dire même en dehors des prescriptions établies par le décret du 22 avril 1898, que s'ils justifient par écrit que les renseignements par eux donnés ont été fournis avant le procès-verbal constatant la contravention. Le législa-

---

(1) Mais l'administration fait une obligation expresse à ses agents de continuer à observer toutes les autres règles posées par le décret du 1er germinal an XIII (Circulaires n° 549, du 6 janvier 1904, et n° 642, du 18 avril 1906).

En outre, lorsque les procès-verbaux seront suivis d'une assignation, elle recommande de transcrire ces actes en tête de l'exploit.

Enfin, en vue de donner toutes facilités au prévenu pour préparer sa défense, présenter sa justification, elle a prescrit de lui délivrer, à titre de simple renseignement, et sur papier libre, une copie des procès-verbaux, lorsqu'il en fera la demande, soit au moment de la rédaction à laquelle il sera, comme par le passé, invité à assister, soit encore au moment où il sera convoqué pour transiger dans les bureaux du chef de service départemental ou d'arrondissement (Circulaire n° 642, précitée).

teur a voulu empêcher qu'on ne puisse « présenter après coup d'indicateur réel ou fictif » (voir rapport de M. Lauraine, doc. de la Chambre, annexe n° 1729, sess. 1904, p. 43).

30. Dénonciations faites de mauvaise foi (article 19). — L'article 373 du Code pénal punit d'un emprisonnement d'un mois à un an, et d'une amende de 100 fr. à 3,000 fr., « quiconque aura fait par écrit une dénonciation calomnieuse contre un ou plusieurs individus aux officiers de justice ou de police administrative ou judiciaire ». Or, il y a dénonciation calomnieuse quand les faits dénoncés sont faux, et que celui qui les a dénoncés a agi de mauvaise foi, avec une intention malveillante, avec la volonté de nuire (Dalloz, *Suppl. au Répert. alphab.*, v° Dénonciation calomnieuse, n° 11). D'autre part, les préposés de la régie, étant chargés par des lois spéciales de rechercher les délits en matière de contributions indirectes, d'en rassembler les preuves et même d'en livrer les auteurs aux tribunaux (article 8 du Code d'instruction criminelle), doivent être considérés en cette matière comme des officiers de police judiciaire. Dénoncer « à tort et de mauvaise foi de prétendues contraventions aux lois fiscales», selon les expressions de l'article 19, constitue donc bien une dénonciation calomnieuse punie par l'article 373 du Code pénal, et l'article 19 peut sembler ainsi au premier abord une disposition inutile (comp. Rapport de M. Lauraine, *loc. cit.*). Il consacre pourtant une innovation, très importante même : tandis, en effet, que l'article 373 du Code pénal ne punit que la dénonciation calomnieuse faite *par écrit*, l'article 19 de la loi du 6 août 1906 rend l'article 373 applicable à la dénonciation calomnieuse faite *verbalement* ou *par écrit*.

Aux termes de l'article 19, la dénonciation calomnieuse faite verbalement n'est punissable que s'il s'agit de prétendues contraventions *aux lois fiscales*. Mais que faut il entendre par ces mots *lois fiscales ?* Le législateur a-t-il voulu parler seulement des lois relatives aux contributions indirectes ou, au contraire, de toutes celles relatives à l'impôt, de sorte que la dénonciation verbale d'une contravention faite à un agent des douanes ou à un employé d'octroi serait punissable si elle était calomnieuse ? Il nous semble que la loi du 6 août 1905 ne s'occupant que des boissons et des poursuites faites par l'administration des contributions indirectes, les mots *lois fiscales* doivent être regardés, dans l'article 19, comme synonymes des mots *lois sur les contributions indirectes ;* le sens de la loi étant douteux, celle-ci doit, d'ailleurs, être interprétée dans le sens le plus favorable au prévenu, c'est-à-dire dans le sens restreint.

31. Attribution des amendes et confiscations (article 20 modifié par l'article 16 de la loi du 17 avril 1906). — D'après l'article 32 de la loi de finances du 26 juillet 1893, le produit net des amendes et confiscations recouvrées en matière de contributions indirectes doit, après prélèvement des deux quarts affectés, par portions égales, au Trésor et au service des pensions civiles, être réparti suivant les conditions à déterminer par décret. Il a été satisfait à cette dernière prescription par le décret du 22 avril 1898 : aux termes de ce décret, d'une part, il y a lieu de déduire du produit total des amendes et confiscations, avant tout partage : 1° les droits exigibles sur les objets saisis, lorsqu'ils n'auront été ni acquittés par le contrevenant, ni garantis par une prise en charge ou par la délivrance d'un acquit-à-caution ; 2° les frais taxables et non taxables qui auront été exposés ; 3° les décimes ; 4° la part de l'indicateur, s'il y a lieu ; le surplus forme le produit net (article 2) ; d'autre part, ce produit net est attribué, savoir : 25 % au Trésor, 25 % aux pensions civiles, 8 % au fonds commun, 42 % aux saisissants (article 3) ; lorsque le procès-verbal ne constate pas un fait de fraude actuel, mais contient simplement la relation de faits antérieurs de nature à prouver l'existence de la fraude, la part des saisissants est fixée par une décision spéciale du conseil d'administration (article 4).

L'article 20 de la loi du 6 août 1905, modifié par l'article 16 de la loi de finances du 17 avril 1906, fait une nouvelle répartition du produit net des amendes et confiscations : aux termes de cet article, 35 % doit revenir au Trésor, 25 % aux pensions civiles et 40 % au fonds commun ; toute attribution aux saisissants est supprimée.

Mais la nouvelle loi ne dit rien de l'emploi du fonds commun, qui devra continuer, par conséquent, à être « distribué chaque année par le ministre des finances, sur la proposition du directeur général des contributions indirectes en conseil d'administration, aux agents du service actif qui auront concouru le plus efficacement à la répression de la fraude et à ceux qui auront utilement contribué à la perception ou à la sauvegarde des droits du Trésor » (article 6 du décret du 22 avril 1898 ; comp. observations du ministre des finances, au sujet d'un amendement de M. Krantz, 2° séance de la Chambre du 20 mars 1906, *Officiel* du 21 mars, p. 1493), après prélèvement toutefois : 1° des gratifications et indemnités allouées aux employés qui se seront signalés par des actes de courage et de dévouement, à l'occasion de rébellion ou faits quelconques de fraude ; 2° des indemnités attribuées à la famille d'un saisissant ou de toute autre personne ayant contribué à la saisie qui aurait été tuée ou blessée ou serait morte des blessures reçues dans une lutte contre les fraudeurs ; 3° des gratifications ou indemnités allouées aux personnes étrangères à l'administration qui auront assisté le service à l'occasion d'une saisie ou de la constatation d'une fraude ou de l'arrestation d'un fraudeur (article 5 du même décret).

L'article 20 de la loi du 6 août 1905 n'est applicable qu'aux procès-verbaux faits par les agents de la régie et non aux procès-verbaux faits par les agents d'autres administrations (observations échangées entre le commissaire du gouvernement, le rapporteur et le président de la commission, 2ᵉ séance du 30 juin 1905, *Officiel* du 1ᵉʳ juillet, p. 2635). Ces agents continuent donc à avoir droit, dans la répartition des sommes recouvrées sur les amendes et confiscations, à la même part que celle qui serait revenue précédemment aux agents des contributions indirectes d'après les règles établies par le décret de 1898 (voir article 11 de ce décret).

L'article 20 de la loi de 1905 ne visant que les amendes et confiscations en matière de contributions indirectes, les agents de cette administration ont toujours droit aux parts d'amende pouvant leur revenir dans les poursuites exercées à la requête d'autres administrations (voir l'article 12 du décret de 1898). En cas de contravention commune à l'octroi et à l'administration des contributions indirectes, ils devront, par conséquent, encore avoir droit à une part sur la répartition opérée par l'administration de l'octroi, mais non plus sur celle effectuée par l'administration des contributions indirectes (voir l'article 13 du même décret).

32. Expédition inapplicable ; limitation de la saisie (article 21). — Les expéditions accompagnant le transport des boissons (passavant, congé ou acquit-à-caution) doivent énoncer notamment les quantités, espèces et qualités de ces boissons (article 10 de la loi du 28 avril 1816) ; en cas de contravention à ces dispositions, résultant par exemple de différence entre la quantité de boisson ou le degré d'alcool portés sur l'expédition et ceux constatés par les agents de la régie, le chargement, c'est-à-dire toutes les boissons transportées, doit être saisi (article 17 de la loi de 1816). Une tolérance de 1 % soit sur la contenance, soit sur le degré, est toutefois accordée aux expéditeurs sur leurs déclarations d'alcools, spiritueux, vins, cidres, poirés et hydromels (article 7 de la loi du 21 juin 1873). Le législateur de 1905, estimant que des différences, même au delà de la limite admise par la loi de 1873, peuvent être dues à l'inexpérience de l'expéditeur ou à son manque d'instruments suffisamment précis (voir rap-

port de M. Lauraine, doc. de la Chambre, annexe n° 2308, sess. ord. 1905, p. 290), décide, dans l'article 21, « qu'en cas d'expédition inapplicable, mais lorsque l'identité du chargement ne sera pas contestée, la saisie sera limitée aux fûts sur lesquels les différences auront été constatées. » Comp. l'arrêt de la Cour de cassation du 5 novembre 1891 (Dalloz, 1892, 1, 137) et la note accompagnant cet arrêt.

La contestation de l'identité du chargement, c'est-à-dire la prétention par la régie que l'expédition s'applique à un autre chargement, rendra donc applicable l'article 17 de la loi de 1816, c'est-à-dire permettra la saisie de tout le chargement, et même aussi la saisie, comme garantie de l'amende, à défaut de caution solvable, des voitures, chevaux et autres objets servant au transport, saisie qui ne saurait évidemment être faite dans le cas prévu par l'article 21 de la loi de 1905, qui limite expressément la saisie aux fûts sur lesquels les différences sont constatées.

33. Saisie mal fondée ; indemnité due par la régie (article 22). — Aux termes 1° de l'article 29 du décret du 1ᵉʳ germinal an XIII, « si le tribunal juge la saisie mal fondée, il pourra condamner la régie non seulement aux frais du procès et à ceux de fourrière, le cas échéant, mais encore à une indemnité proportionnée à la valeur des objets dont le saisi aura été privé pendant le temps de la saisie, jusqu'à leur remise ou l'offre qui en aura été faite ; mais cette indemnité ne pourra excéder 1 pour 100, par mois, de la valeur desdits objets » ; 2° de l'article 30 du même décret, « si, par l'effet de la saisie et leur dépôt dans un lieu et à la garde d'un dépositaire qui n'aurait pas été choisi ou indiqué par le saisi, les objets saisis avaient dépéri avant leur remise ou les offres valables de les remettre, la régie pourra être condamnée d'en payer la valeur ou l'indemnité de leur dépérissement ». Les causes pour lesquelles, en cas de saisie mal fondée, la partie poursuivie peut réclamer à la régie des dommages-intérêts, sont ainsi strictement limitées par ces deux articles, et ne peuvent être autres que soit la privation de jouissance, soit la détérioration ou la perte des objets saisis, la base de l'indemnité étant, dans l'un et l'autre cas, expressément fixée par la loi (voir Cassation, 23 janvier 1819, Dalloz. *Répert. alphab.*, v° Impôts indirects, n° 215 ; 21 décembre 1831, Dalloz, *eod. op. et verb.*, n° 412 ; 26 avril 1880, Dalloz, 1880, 1, 246).

Une saisie pratiquée à tort peut cependant causer au saisi un préjudice bien plus grave que celui dont les articles 29 et 30 du décret de germinal an XIII lui permettent de demander réparation ; voir l'exemple cité dans le rapport de M. Lauraine (doc. de la Chambre, annexe n° 2308, sess. ord. 1905, p. 291). La loi du 6 août 1905 autorise donc, dans l'article 22, les tribunaux à condamner la régie « à une indemnité représentant le préjudice que la saisie indûment pratiquée a pu causer », cette indemnité devant être égale à « l'entier préjudice » subi, et les tribunaux ayant « la souveraine appréciation de l'étendue de ce préjudice » (voir rapport de M. Lauraine, *loc. cit.*), ce qui revient à dire que la responsabilité de la régie, en cas de saisie mal fondée, sera dorénavant déterminée par le droit commun, c'est-à-dire par la règle écrite dans les articles 1382, 1383 et 1384 du Code civil (comp. Cassation, 14 août 1877, Dalloz, 1878, 1, 420).

Il en était, d'ailleurs, déjà ainsi en ce qui touche la responsabilité de la régie vis-à-vis d'autres personnes que les saisis, par exemple, vis-à-vis de propriétaires revendiquant les objets leur appartenant, indûment frappés de saisies sur des tiers et demandant la réparation du préjudice que leur ont causé ces saisies (arrêt du 14 août 1877, précité). Les termes généraux de l'article 22, s'appliquant aussi bien aux tiers qu'aux saisis, ne font que consacrer cette jurisprudence.

La loi du 6 août 1905 n'a pas expressément abrogé les articles 29 et 30 du décret du 1er germinal an XIII ; mais leurs dispositions étant contraires à celle de l'article 22 de la loi de 1905, il y a lieu évidemment de les considérer comme tacitement abrogés : en tous cas, la régie ne saurait s'en prévaloir pour repousser une réclamation fondée sur la disposition générale de l'article 22.

34. Circonstances atténuantes (article 33). — D'après l'article 39 du décret du 1er germinal an XIII, « les juges ne pouvaient, à peine d'en répondre en leur propre et privé nom, modérer les confiscations et amendes » ; d'autre part, l'article 463 du Code pénal, permettant aux tribunaux correctionnels de réduire les peines, en cas de circonstances atténuantes, n'est applicable qu'aux délits prévus par ce Code ou par les lois en autorisant expressément l'application. Les contrevenants, en matière de contributions indirectes, ne pouvaient donc obtenir le bénéfice des circonstances atténuantes.

Une première exception à cette règle fut apportée par l'article 15 de la loi du 21 juin 1873 permettant l'application de l'article 463, mais en ce qui concerne la peine d'emprisonnement seulement, dans les cas prévus par les articles 12 et 14 de cette loi (introduction frauduleuse dans les villes d'alcools ou de spiritueux et fabrication d'alcools à Paris ou dans les villes soumises au même régime) et

46 de la loi du 28 avril 1816 (fraude par escalade, souterrain ou à main armée). Ce fut la loi du 30 mars 1888 qui, d'une manière générale, « rendit l'article 463 du Code pénal applicable aux délits et contraventions prévus par les lois sur les contributions indirectes » (article 42). L'article 12 de la loi du 26 décembre 1890 déclara toutefois que cette application ne pourrait être faite s'il y avait récidive pendant le délai d'un an à partir du premier jugement.

Les articles 42 de la loi du 30 mars 1888 et 12 de la loi du 26 décembre 1890 furent abrogés par l'article 19 de la loi du 29 mars 1897, qui disposa dans les termes suivants sur l'admission des circonstances atténuantes : « En matière de contributions indirectes, et par application de l'article 463 du Code pénal, si les circonstances paraissent atténuantes, les tribunaux sont autorisés, lorsque la bonne foi du contrevenant sera dûment établie, *et en motivant expressément leur décision sur ce point*, à modérer le montant des amendes et à le libérer de la confiscation, sauf pour les objets prohibés, par le paiement d'une somme que le tribunal arbitrera et qui ne pourra, en aucun cas, être inférieure au montant des droits fraudés » (paragraphe 2). — « Cette disposition cessera d'être applicable, en cas de récidive dans le délai de trois années. Toutefois, la confiscation demeurera acquise à la régie, à défaut par le contrevenant d'avoir acquitté le montant des condamnations de toute nature dans le délai d'un mois, à compter du jour où elles seront devenues définitives » (paragraphe 3).

D'autre part, l'admission des circonstances atténuantes « en matière d'octroi, mais dans le cas seulement de contraventions communes à l'octroi et aux contributions indirectes », a été permise aux tribunaux par l'article 34 de la loi du 25 février 1901, dont les paragraphes 1 et 2 sont la reproduction des paragraphes 2 et 3 de l'article 19 de la loi du 29 mars 1897, qui viennent d'être rapportés ci-dessus.

L'article 23 de la nouvelle loi apporte aux lois de 1897 et de 1901 les changements suivants :

1° En matière de contributions indirectes, le paragraphe 2 de l'article 19 de la loi de 1897 est modifié en ce sens que les tribunaux, en admettant des circonstances atténuantes, ne sont plus obligés de faire connaître d'une façon expresse les motifs pour lesquels ils déclarent qu'il y a eu bonne foi de la part du contrevenant ; mais ils doivent toujours constater l'existence de cette bonne foi (article 23 § 1er) ; comp. observations de M. Lauraine, rapporteur, deuxième séance de la Chambre du 30 juin 1905, *Officiel* du 1er juillet, p. 2635.

En outre, la durée de la récidive est réduite de trois ans à un an — délai anciennement fixé par la loi du 26 décembre 1890 — et, par suite de l'abrogation du paragraphe 3 de l'article 19 de la loi de 1897, la dispense de la confiscation n'est plus soumise à la condition, pour le contrevenant, d'avoir acquitté le montant des condamnations dans le délai d'un mois du jour où elles sont devenues définitives (article 23 §§ 2 et 3).

2° Dans le cas de contraventions communes à l'octroi et aux contributions indirectes, il n'est rien innové en ce qui concerne les dispositions du paragraphe 1ᵉʳ de l'article 34 de la loi du 25 février 1901 ; les tribunaux devront donc, comme par le passé, non seulement constater l'existence de la bonne foi chez le contrevenant, mais encore motiver expressément leur décision sur ce point.

Le paragraphe 2 de l'article 34 de la loi de 1901 est, au contraire, purement et simplement abrogé; les circonstances atténuantes pourront, par conséquent, être accordées, même s'il y a récidive, et quelle que soit la date de la première condamnation ; de plus, et ici comme en matière de contributions indirectes, le contrevenant, ayant obtenu la dispense de la confiscation, ne sera plus obligé, pour bénéficier de cette dispense, d'acquitter, dans le délai d'un mois, le montant des condamnations.

Rappelons qu'en ce qui concerne les contraventions particulières à l'octroi, l'admission des circonstances atténuantes n'a été, jusqu'à ce jour, autorisée par aucune loi (comp. Cassation, 22 décembre 1888, Dalloz, 1889, 1, 83 et la note; Amiens, 15 décembre 1893, Dalloz, 1896, 2, 203).

35. Sursis a l'exécution de la peine (article 24). — La loi de sursis du 26 mars 1891, ne faisant aucune distinction entre les délits de droit commun et ceux prévus par les lois spéciales, devrait être applicable pour toutes les condamnations soit à l'emprisonnement, soit à l'amende prononcées en vertu de ces lois spéciales. D'après la jurisprudence de la Cour de cassation cependant, le bénéfice du sursis ne pouvait être accordé à l'individu condamné à l'amende en matière de contribution indirectes, l'amende étant, en cette matière, moins une peine qu'une réparation civile attribuée au Trésor (Cassation, 19 novembre 1891, Dalloz, 1892, 1, 109). Il devait, au contraire, en être différemment en ce qui concerne l'emprisonnement, qui ne peut évidemment être considéré que comme une peine (voir Dalloz, *Suppl. au Répert. alphab.*, vᵒ Peine, nᵒ 249); c'est ainsi qu'en matière de douanes, la Cour de cassation déclarait, en reprenant les motifs de l'arrêt du 19 novembre 1891, que le sursis ne pouvait être accordé pour l'amende, mais jugeait en même temps

qu'il pouvait être accordé pour l'emprisonnement (Cassation, 22 décembre 1892, trois arrêts, Dalloz, 1893, 1, 157).

L'article 24 de la loi du 6 août 1905, en permettant aux tribunaux de « décider qu'il sera sursis à l'exécution des peines », fait cesser, quant à l'application de la loi du 29 mars 1891, toute différence entre l'amende et l'emprisonnement (voir rapport de M. Lauraine, doc. de la Chambre, annexe nᵒ 2308, sess. ord. 1905, p. 291).

Le sursis sera accordé « dans les conditions établies par la loi du 29 mars 1891 ». Il faudra donc que l'inculpé n'ait pas encore subi de condamnation à la prison pour crime ou délit de droit commun (article 1ᵉʳ § 1 de la loi du 26 mars 1891).

Il faudra, de plus, et ceci est une condition spéciale exigée par la loi du 6 août 1905, qu'il n'ait « jamais été l'objet d'un procès-verbal suivi de condamnation ou de transaction pour une infraction punie par *la loi* d'une amende supérieure à 600 fr. ». Suivant nous, les mots « la loi » ne sont ici que la répétition, sous une forme abrégée, des mots « lois et règlements régissant les contributions indirectes » qui figurent au début de l'article 24 ; cette interprétation nous semble la plus conforme au sens grammatical de la phrase et à la pensée du législateur. Nous en conclurons que le sursis pourra être accordé à l'inculpé déjà condamné à une amende supérieure à 600 fr. pour tout autre délit qu'en matière de contributions indirectes, délit de droit commun, délit de douanes, d'octroi, etc...., ou qui, en matière de douanes ou d'octroi, par exemple, aura été l'objet d'un procès-verbal suivi de transaction à raison d'une infraction punie d'une amende de plus de 600 fr. Il en serait, bien entendu, différemment si la condamnation ou la transaction était intervenue à la suite de poursuites communes de la part des contributions indirectes et de l'octroi ; on retomberait alors évidemment dans le cas prévu par l'article 24.

La suspension de la peine ne comprend ni le paiement des frais du procès et des dommages-intérêts ni les peines accessoires et les incapacités résultant de la condamnation (loi du 26 mars 1891, article 2). Parmi les peines accessoires figure la confiscation, pour laquelle le sursis ne pourra, par conséquent, être prononcé, soit qu'il y ait confiscation proprement dite, soit qu'à raison de l'existence de circonstances atténuantes, le tribunal, usant de la faculté que lui confère l'article 23 de la nouvelle loi, libère le prévenu de la confiscation contre le paiement d'une somme arbitrée par lui.

36. Procédure d'appel (article 27). — D'après l'article 32 du décret du 1ᵉʳ germinal an XIII, l'appel des jugements correctionnels rendus sur les poursuites de la régie devait être fait par voie d'assignation devant la Cour d'appel et était recevable jusqu'à l'expiration de la huitaine de la signification du jugement ; l'appel fait au greffe était donc nul, et, d'autre part, il pouvait parfois s'écouler un temps assez long avant que le jugement ne devînt définitif ; ce dernier inconvénient a frappé le législateur de 1905, qui a voulu empêcher que la situation du prévenu acquitté par le tribunal restât incertaine tant que la régie n'aurait pas signifié le jugement et laissé écouler la huitaine de cette signification (voir rapport de M. Lauraine, doc. de la Chambre, annexe n° 2372, sess. ord. 1905, p. 387). Il a donc abrogé l'article 32 du décret de germinal an XIII et rendu l'article 203 du Code d'instruction criminelle applicable en matière de contributions indirectes. On sait qu'aux termes de cet article l'appel doit être fait au greffe du tribunal qui a rendu le jugement dans les dix jours de ce jugement, s'il est contradictoire, et, s'il est rendu par défaut, dans les dix jours de la signification qui en aura été faite au condamné ou à son domicile, outre un jour par trois myriamètres ; cependant, si la signification n'a pas été faite à personne ou s'il ne résulte pas d'actes d'exécution du jugement que le prévenu en a eu

connaissance, l'appel est, comme l'opposition (article 187 du Code d'instruction criminelle), recevable jusqu'à l'expiration des délais de la prescription de la peine (Paris, 10 novembre 1871. Dalloz, *Suppl. au Répert. alphab.*, v° Appel en matière criminelle, n° 52 ; 5 mars 1895, Dalloz, 1896, 1, 437).

Quand il s'agit de contraventions punies d'emprisonnement, les poursuites ont lieu à la requête du ministère public (loi du 24 juin 1873, article 15), et la régie est alors seulement partie intervenante ; la jurisprudence décidait, en pareil cas, qu'en ce qui concernait l'action publique, le droit d'appel devait être exercé conformément aux dispositions de l'article 203 du Code d'instruction criminelle, tandis qu'en ce qui concernait l'action fiscale il y avait lieu de suivre les règles de l'article 32 du décret de germinal an XIII (voir notamment Cassation, 20 février 1904, Dalloz, 1905, 1, 439). Il va de soi que cette distinction n'est plus à faire maintenant, l'article 32 du décret de germinal étant formellement abrogé ; peu importe que la régie soit partie principale, ou partie intervenante dans les poursuites, l'article 203 du Code d'instruction criminelle est seul applicable.

E. SIMON-AUTEROCHE,   L. DOASSANS,
docteur en droit,   inspecteur
juge au tribunal civil   des contributions indirectes.
de Châlons-sur-Marne.

II.

Commentaire des lois des 27 février et 17 avril 1906 relatives au rétablissement du privilège des bouilleurs de cru.

TEXTE

27 février 1906, — *Loi modifiant diverses dispositions relatives au régime des boissons.*

Article unique. Les propriétaires distillant les marcs, vins, cidres et poirés, prunes, cerises, prunelles et lies qui proviennent exclusivement de leurs récoltes, sont dispensés de toute déclaration préalable et affranchis de l'exercice à partir du 1er mars 1906.

17 avril 1906. — *Loi portant fixation du budget de l'exercice 1906.*

Art. **10.** Les dispositions des articles 18, 19, 20, 22, 23, 25 et 26 de la loi du 31 mars 1903, ainsi que l'article 12, les 1er et 2e paragraphes de l'article 13 et les articles 14, 15 et 18 de la loi du 22 avril 1905 sont applicables aux bouilleurs de cru qui en auront demandé le maintien à leur égard par une déclaration faite huit jours à l'avance à la recette buraliste.

Les manquants provenant de déchet de fabrication seront exemptés de tous droits.

L'allocation familiale de 20 litres est accordée annuellement.

11. Les bouilleurs de cru, qui font transporter les produits de leur distillation dans des caves ou magasins séparés de la brûlerie, sont affranchis du droit de consommation et de toute prise en charge, à la condition de faire au bureau de la régie la déclaration préalable de ce transport et de se munir d'un acquit-à-caution.

12. Est réduit à 0 fr. 10, timbre compris, le coût des acquits-à-caution qui doivent accompagner les alambics appartenant à des bouilleurs de cru, quand ces alambics seront déplacés dans le ressort de la recette buraliste où ils se trouvent. Ces acquits seront délivrés dans chaque commune.

COMMENTAIRE

§ 1. — Rétablissement du privilège.

Le régime des bouilleurs de cru, déjà réglementé dans nos lois par de très nombreux textes, vient d'être remanié à nouveau par le Parlement. C'est une nouvelle phase de la lutte soutenue infatigablement entre les représentants des bouilleurs et le fisc et un nouvel échec pour ce dernier.

L'étude très complète parue en 1905 (1) et relative à l'application des lois des 31 mars 1903 et 22 avril 1905 nous permettra d'être très bref et de nous borner strictement aux changements introduits par les lois dont nous avons rapporté le texte plus haut. C'est ainsi que nous ne rechercherons en aucune façon l'historique et la raison d'être du privilège, ni la définition légale des bouilleurs de cru, ni non plus les répercussions politiques, économiques et financières de cette célèbre question.

La nouvelle législation a pour but essentiel le rétablissement du privilège, tel qu'il existait avant les lois des 29 décembre 1900 et 31 mars 1903 et divers textes complémentaires. Ces lois ne sont pas toutefois complètement abrogées, un certain nombre de leurs dispositions subsistent. Il faut même noter que la loi du 27 février 1906, texte un peu improvisé, a été complétée par les articles 10 et 11 de la loi de finances du 17 avril 1906, lesquels se réfèrent précisément à plusieurs lois antérieures.

Dans un intérêt de clarté et pour conserver à notre commentaire le caractère complémentaire qu'il nous paraît devoir comporter, nous suivrons dans ses grandes lignes l'étude déjà insérée au *Bulletin* et dont nous avons parlé déjà. Les points non signalés par nous demeurent en principe sous le régime de la législation antérieure déjà commentée.

(1) *Bulletin-Commentaire des Lois nouvelles,* t. V, p. 491.

§ 2. — *Bouilleurs distillant chez eux.*

Les propriétaires distillant chez eux le produit de leurs récoltes se trouvent dans la situation la plus favorable et c'est surtout en leur faveur qu'est intervenue la loi du 27 février 1906. Ils sont en effet débarrassés de deux formalités essentielles prévues par les lois antérieures : la déclaration préalable à la distillation et la surveillance ou exercice de la part de l'administration. Le régime de faveur prévu par l'article 21 de la loi du 31 mars 1903 (amendement Morlot) au profit des petits bouilleurs devient ainsi le droit commun, sans même l'obligation des formalités dudit article qui reste ainsi sans objet.

Au point de vue pratique, le privilège du bouilleur de cru consiste essentiellement en ce que la régie ne peut procéder à aucune investigation ni contrôle dans les locaux où se fabrique librement l'alcool. Bien entendu, le régime des bouilleurs de profession n'est pas atteint, non plus que la surveillance de la circulation de l'alcool au dehors, surveillance plus nécessaire et intense que jamais pour éviter la fraude. De même subsistent pleinement les visites du service des contributions indirectes dans les débits de boissons (art. 5 et 6 de la loi du 29 décembre 1900) (Circulaire n° 636, du 28 février 1906).

Dans le même ordre d'idées, les bouilleurs de cru, exerçant la profession de négociants en boissons en gros ou en détail dans un certain rayon, restent soumis à l'obligation des articles 50 et 97 de la loi du 28 avril 1816, leur imposant la déclaration des boissons possédées par eux. La loi du 29 décembre 1900 supprimait même en ce cas le privilège, mais ce dernier effet n'est plus possible en présence du texte de la loi du 27 février 1906.

Notons encore que la perte temporaire du privilège, infligée comme pénalité spéciale par la loi de 1900 (art. 10, § 4), est implicitement abrogée par le texte nouveau, mais les autres pénalités de cet article 10 subsistent dans le cas visé : enlèvement de spiritueux de chez un bouilleur de cru, même sans sa complicité, mais sans titre de mouvement régulier (Circulaire n° 641, du 18 avril 1906).

La loi du 27 février 1906, rendant inviolable le domicile du bouilleur de cru, a pour effet pratique de rendre sans objet toutes les mesures pratiquées pour la surveillance des alambics chez les particuliers de cette catégorie. La régie n'a donc plus à sceller, desceller et surveiller les alambics installés chez les bouilleurs de cru, mais comme nous le verrons, toute la réglementation des alambics n'est pas abrogée.

L'article 11 de la loi de finances du 17 avril 1906 a encore étendu le privilège du bouilleur de cru en l'extériorisant, en quelque sorte, hors de son domicile. L'hypothèse prévue est en principe celle d'un bouilleur qui, à l'étroit chez lui, fait distiller sa récolte chez un autre bouilleur. Ce dernier ne peut échapper à la qualité de bouilleur de profession qu'en vertu de tolérances administratives inspirées par les circonstances. Mais le point important est que l'alcool ainsi produit est censé être distillé au domicile même du propriétaire des fruits et marcs distillés, en ce sens que son transport échappe au droit de consommation, à condition, bien entendu, qu'il revienne dans un local appartenant, en propriété ou location, au propriétaire de la récolte. En d'autres termes, la loi a voulu simplement exonérer de la surveillance antérieurement établie les caves et magasins séparés du lieu de distillation. Toutefois le propriétaire doit provoquer l'attention de la régie sur ce transport suspect par une déclaration préalable et la prise d'un acquit-à-caution.

§ 3. — *Distillation au moyen d'un alambic ambulant*

Nous avons supposé jusqu'ici que le bouilleur de cru se servait d'un alambic lui appartenant, il se pourra faire qu'il utilise les services d'un loueur ambulant. En ce cas, les différentes obligations mises à la charge du loueur d'alambics par les textes antérieurs subsistent en principe. C'est ainsi que le loueur doit se munir d'un permis de circulation, déclarer à la régie les noms des propriétaires distillants et faire connaître les dates et résultats des distillations. La régie connaît ainsi les approvisionnements d'alcool et peut les surveiller en conséquence.

Toutefois la surveillance à laquelle le loueur est soumis n'autorise pas la régie à le suivre chez un bouilleur de cru dont le domicile est essentiellement inviolable. De même le bouilleur qui fait appel aux services d'un loueur n'a plus à faire de déclaration préalable ni à contresigner le cahier-journal, à condition, bien entendu, que la distillation s'opère chez lui (Circulaire n° 641, précitée, du 18 avril 1906).

§ 4. — *Distillations faites à l'extérieur.*

La loi du 27 février 1906, par son texte laconique, avait eu la conséquence imprévue de supprimer toute allocation en franchise pour les bouilleurs de cru faisant distiller hors de leur domicile. C'était la suppression des ateliers publics, communaux, syndicaux ou coopératifs établis sous l'empire des lois précédentes. L'article 10 de la loi de finances du 17 avril 1906 a eu, entre autres choses, pour but de remédier à cette situation et sa combinaison avec l'article 11 de la même loi permet d'indiquer les solutions suivantes :

1° Les ateliers et brûleries prévus par les lois de 1903 et 1905 continuent de fonctionner sous le même régime dont ils jouissaient auparavant. Nous n'avons donc qu'à renvoyer sur ce point au commentaire déjà indiqué de ce texte législatif.

2° Les récoltants qui ramèneront chez eux les eaux-de-vie ainsi fabriquées jouiront de la franchise complète des droits sous les conditions de l'article 11, c'est-à-dire moyennant une déclaration préalable et un acquit-à-caution.

3° Si les spiritueux sont laissés dans les entrepôts annexés aux ateliers de distillation, le paiement des droits n'est pas exigé tant qu'ils ne sont pas transportés ailleurs que dans les locaux du bouilleur.

4° Au point de vue de l'allocation familiale et de l'acquit blanc dont nous allons parler bientôt, les bouilleurs qui utilisent les ateliers situés hors de leur domicile, bénéficient des mêmes privilèges que s'ils distillaient chez eux. En un mot, le vœu de la loi est qu'au point de vue du propriétaire bouilleur, il n'y ait pratiquement pas de différence entre la distillation opérée chez lui et celle faite dans un atelier extérieur.

§ 5. — *Transports de spiritueux sous acquit blanc.*

L'article 23 de la loi du 31 mars 1903 a créé un titre de mouvement spécial (sur papier blanc) et s'appliquant exclusivement aux eaux-de-vie provenant de la distillation des récoltes des bouilleurs de cru, distillation opérée sous la surveillance du service des contributions indirectes. Ce titre, acquit-à-caution ou congé, a ainsi la qualité précieuse d'authentiquer les spiritueux qui en sont munis, et de garantir pour ainsi dire la pureté de leur origine.

La loi du 27 février 1906, supprimant tout contrôle de la part de la régie, avait rendu impossible le maintien de l'acquit blanc. Des protestations se produisirent de la part de propriétaires qui trouvaient dans le bénéfice commercial réalisé grâce à ce titre une ample compensation à la surveillance du service. Aussi l'article 10 de la loi de finances du 17 avril 1906 a-t-il remis en vigueur sous certaines conditions les dispositions antérieures. L'attention des agents est même spécialement appelée sur l'importance de la délivrance de l'acquit blanc et sur la nécessité de ne le donner qu'aux spiritueux distillés rigoureusement suivant les prescriptions de la loi (Circulaire n° 641 précitée).

Pour jouir du bénéfice de l'acquit blanc, le bouilleur doit provoquer la surveillance de la régie par une déclaration faite huit jours d'a-vance à la recette buraliste, ce délai pouvant d'ailleurs être abrégé par l'administration. Toutefois, si la distillation a lieu dans un atelier public, communal, syndical ou coopératif, la demande de l'acquit-à-caution pour le transport des matières premières vaut soumission aux règles de l'article 10. D'une façon générale, toute distillation qui échappe au contrôle de la régie ne peut donner lieu qu'à la délivrance d'acquits roses, c'est-à-dire sans certification d'origine.

Lorsque le producteur désire se placer sous le bénéfice de l'article 10, il demeure soumis aux obligations établies par la loi de 1903 et le décret du 19 août 1903. Toutefois, la loi nouvelle a précisé deux points. Les manquants ou déchets de fabrication sont accordés de plein droit, et, en outre, une allocation de vingt litres d'alcool pur par famille est accordée annuellement, franche d'impôt. A chaque campagne, l'allocation doit être accordée, sauf au récolement annuel à reporter pour mémoire la quantité non consommée provenant de l'année précédente.

Cette législation pouvant soulever quelques difficultés pratiques, nous pensons les réduire au minimum en reproduisant ci-dessous trois exemples très clairs fournis par l'administration elle-même (Circulaire n° 641 précitée).

1er exemple.

Fabrication de la campagne	200 litres.
Sorties	50
Doit rester . . . . : . .	150
Reste	130
Manquants	20
Déduction de magasin	11
Différence	9
Allocation en franchise	20
Allocation non employée	11

2e exemple.

Reprise	130 litres.
(Mémoire : 11 litres non employés).	
Fabrication de la campagne	120
Charges	250
Sorties	120
Doit rester	130
Reste	100
Manquants	30
Déduction de magasin	14
Différence	16
Allocation . . . { Reliquat. 11 { Annuelle. 20 }	31
Allocation non utilisée	15

3e exemple.

Reprise	100 litres.
(Mémoire : 15 litres non employés).	
Fabrication	0
Charges	100
Sorties	10
Doit rester	90

Reste	45 litres.
Manquants	45
Déduction de magasin	6
Différence	39
Allocation . . . } Reliquat. 15 { Annuelle. 20 {	45
Reste à imposer	4 litres.

§ 6. — *Réglementation des alambics.*

Les lois nouvelles ne portent pas atteinte à la législation antérieure relative à la surveillance des alambics, sauf que toute investigation est impossible au domicile du bouilleur de cru. Il en résulte que les obligations imposées aux fabricants et marchands d'appareils à distiller subsistent intégralement. De même, tout détenteur d'alambic, fût-il bouilleur, doit soumettre son appareil au poinçonnage de la régie, mais il peut faire opérer ce poinçonnage en dehors de son habitation s'il lui plaît. Les formalités à la charge des loueurs des appareils distillatoires ambulants subsistent également. Toutefois, pour le cas spécial où un bouilleur, non distillateur professionnel, veut déplacer temporairement son appareil, à son profit ou à celui d'autres bouilleurs, il lui suffit de se munir d'un acquit-à-caution particulier établi par l'article 12 de la loi du 17 avril 1906, à condition de ne pas sortir du ressort de la recette buraliste. L'acquit sera déchargé au retour de l'alambic au point de départ.

§ 7. — *Dispositions transitoires.*

Ces dispositions, très simples et sans grand intérêt pratique, consistent essentiellement à clore, sans aucun récolement, les comptes antérieurement ouverts aux bouilleurs de cru. Quant aux bouilleurs qui désirent bénéficier de l'acquit blanc, leur situation vis-à-vis de la régie reste la même qu'auparavant et leur compte est continué, sur leur demande, tant qu'ils veulent profiter de ce régime. Rien n'est changé par ailleurs aux pénalités prévues par les lois antérieures.

Marcel MOYE,
Professeur à la Faculté de droit
de l'Université de Montpellier.

BULLETIN-COMMENTAIRE DES LOIS NOUVELLES ET DÉCRETS

Recueil mensuel fondé en 1894. — Abonnement annuel, **7 fr.**

ADMINISTRATION : **103, Boulevard Saint-Michel, à Paris.**

LISTE ALPHABÉTIQUE DES COMMENTAIRES
Publiés de 1894 à 1905
EN VENTE SÉPARÉMENT DE 1 FR. 50 A 3 FR.

Table alphabétique des commentaires publiés de 1894 à 1905.

BULLETIN-COMMENTAIRE DES LOIS NOUVELLES & DÉCRETS

Recueil mensuel. — Abonnement annuel, **7** fr.

103, boulevard Saint-Michel, à Paris (V^e)

Léonce BELZACQ, Directeur

Tous les articles sont rédigés par d'éminents jurisconsultes, spécialistes dans la matière traitée

INDICATION DES PRINCIPALES MATIÈRES TRAITÉES

I. — De 1894 à 1899 inclus

Deux tomes réunis en un fort volume de 1.284 pages.
*Prix net, relié demi-chagrin rouge, **25** fr.*

Accidents du travail. — **Animaux domestiques** (Police, protection, vente) — **Anarchistes** (Menées). — **Armée** (Étudiants. Service de deux frères. Membres du Parlement). — **Assistance médicale gratuite.**

Boissons. — **Brocanteurs** (Commerce de). — **Budgets** (de 1895 à 1899). **Cadastre** (Revision du). — **Caisse nationale des retraites.** — **Caisses d'épargne.** — **Caisses de retraites, de secours et de prévoyance** (Employés et ouvriers). — **Cautionnements.** — **Chambres de commerce.** — **Chasse** (Police de la). — **Conseils généraux.** — **Contributions directes et taxes** (de 1896 à 1899). — **Crédit agricole.**

Domaines congéables. — **Droits électoraux** (Officiers ministériels destitués).

Eaux (Régime des). — **Enfants naturels.** — **Enfants** (Violences). — **Enseignement public** (Responsabilité civile). — **Epoux survivant** (Droits de l'). — **Actes de l'état civil** (Mentions). — **Etrangers** (Cautions. Séjour et travail). — **Explosifs.**

Fabriques paroissiales. — **Femmes électeurs** (Tribunaux de commerce). — **Femme témoin.** — **Fonds de commerce** (Nantissement). — **Frais dus aux officiers ministériels.**

Habitations à bon marché. — **Huissier** (Secret des actes d').

Inscription maritime. — **Instruction judiciaire** modifiée. — **Jours fériés.** — **Juges de paix** (Audiences foraines).

Lettres de change. — **Dons et legs** (à des personnes morales).

Mariage. — **Marins** (Caisse de retraite). — **Malfaiteurs** (Associations).

Nationalité. — **Notaires** (Honoraires des).

Oppositions (Salaires et petits traitements). — **Outrages aux bonnes mœurs.** — **Ouvriers mineurs.**

Pêche fluviale. — **Police administrative.** — **Récolte** (Police rurale). — **Réhabilitation des condamnés.** — **Revision des procès criminels.** — **Saisie-arrêt** sur salaires et petits traitements. — **Salubrité publique.** — **Sécurité publique.** — **Séparation de corps.** — **Simple police** (Appel des jugements de). — **Sociétés de secours mutuels et statuts modèles.** — **Sociétés par actions.** — **Succession** (Rapport à).

Tarif des notaires. — **Taxe militaire.** — **Travaux publics** (Dommages causés par les).

Valeurs étrangères. — **Ventes des objets abandonnés** chez les aubergistes et hôteliers. — **Vins** artificiels et fraudes.

Warrants agricoles.

II. — De 1900 à 1905 inclus

Trois tomes réunis en un fort volume de 1.560 pages.
*Prix net, relié demi-chagrin rouge, **30** fr.*

Accidents du travail (Lois de 1902 et 1905). — **Actes de l'état civil aux armées.** — **Actions** de priorité et d'apport. — **Affouage.** — **Agriculture** (Crédit. Dégâts par le gibier. Assurance). — **Alambics** (Contrôle). — **Animaux** (Police sanitaire). — **Armée** (Service de deux ans). — **Assistance** (Gestion). — **Assistance judiciaire** (Réorganisation). — **Associations et congrégations.** — **Assurances** (Compétence).

Bail emphytéotique. — **Boissons.** **Bouilleurs de cru.** — **Brevets d'invention.** — **Budgets** (de 1900 à 1905). — **Bureaux de bienfaisance et d'assistance.** — **Bureaux de placement.**

Casier judiciaire. — **Chemins de fer** (Responsabilité). — **Communes** (Affouage. Organisation municipale. — Autorisation de plaider. — Construction des maisons d'école. Dons et legs). — **Congrégations** (Associations. Enseignement). — **Conseil d'Etat.** — **Conseils généraux.** — **Contributions directes et taxes assimilées** (de 1900 à 1905). — **Contributions** (Réclamations sur). — **Conventions internationales** (Mariage. Tutelle. Divorce. Séparation de corps. — Procédure civile. — Compétence judiciaire).

Décentralisation administrative. — **Dons et legs** (aux communes et établissements publics ou de bienfaisance).

Employés (Retraites. Placement). — **Enfant mineur** (Garde. Représentation). — **Enregistrement** (Lois de 1900 à 1905).

Force armée (Réquisitions).

Gendarmerie (Organisation). — **Gibier** (Dégâts).

Habitations à bon marché. — **Hygiène et sécurité des travailleurs.** — **Hypothèques** (Formalités).

Inhumations (Monopole des communes).

Justices de paix (Compétence nouvelle de la loi de 1905. Réorganisation).

Logements insalubres.

Maisons d'école (Construction d'office). — **Mariage à l'étranger.** — **Marine marchande.**

Notariat (Réforme. Aptitudes).

Objets abandonnés chez les ouvriers et industriels. — **Obligations militaires.** — **Officiers ministériels** (Suppression. Destitution. Frais). — **Organisation municipale.** — **Ouvriers des mines** (Retraites et secours).

Placement (Ouvriers et Employés). — **Police sanitaire des animaux.** — **Prud'hommes** (Réorganisation de la loi de 1905).

Quotité disponible entre époux.

Réhabilitation (de droit, des faillis). — **Responsabilité** (Accidents. Enseignement. Transporteurs). — **Réservistes et territoriaux** (Travail réservé).

Santé publique. — **Sapeurs-pompiers.** — **Sociétés** (Crédit et assurances agricoles). — **Sociétés de secours mutuels et unions.** — **Successions** (Régime fiscal. Quotité disponible). — **Sucres** (Nouveau régime).

Taux de l'intérêt légal. — **Testament** (Armée. Colonies). — **Titres au porteur perdus ou volés.** — **Traite des blanches.** — **Transporteurs** (Responsabilité). — **Tutelle** (Mineurs étrangers).

Usages locaux.

Valeurs de Bourse (Vente à crédit. Perte ou vol). — **Vente des objets abandonnés** chez les ouvriers et industriels. — **Vices rédhibitoires.**